Comida para Compartilhar

SANTINHO

Comida para Compartilhar

Chef Morena Leite

São Paulo
2016

BOCCATO

1ª Edição, Editora Gaia/Boccato, São Paulo 2016

Direitos Reservados

Jefferson L. Alves – diretor editorial
Richard A. Alves – diretor-geral
Flávio Samuel – gerente de produção
Flavia Baggio – coordenadora editorial
Fernanda Bincoletto – assistente editorial
Danielle Costa – revisão de texto

editora gaia ltda.
(pertence ao grupo Global Editora e Distribuidora Ltda.)
Rua Pirapitingui, 111-A – Liberdade
CEP 01508-020 – São Paulo – SP
Tel.: (11) 3277-7999 – Fax: (11) 3277-8141
e-mail: gaia@editoragaia.com.br
www.editoragaia.com.br

André Boccato e Emiliano Boccato – editores
Maria Aparecida Ramos - coordenação administrativa
Morena Leite e Camilla Sola – coordenação editorial
Camilla Sola/Estúdio Bee Design* – projeto gráfico, direção de arte, direção de fotografia, ilustração da capa e diagramação
Antônio Rodrigues – fotos
Santinho Restaurante – produção de objetos
Sanae, Meia Noite, Carlos, Jandes, Zeildo e Júnior – produção das receitas
Maria Jussara Correa Lunas – revisão gastronômica
Flavia Del Prá – desenhos dos azulejos
Jorge Cotrin – revisão de texto
Grupo Capim Santo – coordenação administrativa

EDITORA BOCCATO
Rua IV Centenário, 1.540 – Vila Nova Conceição
04030-000 – São Paulo – SP – Brasil
Tel.: (11) 98485-0860
e-mail: editora@boccato.com.br
www.boccato.com.br

*Estúdio Bee Design
Av. Dr. Chucri Zaidan, 940 – 16º andar – Market Place II
Morumbi – CEP 04583-904 – São Paulo – (11) 5095-3415
www.estudiobeedesign.com – instagram: @beedesign_camillasola

Obra atualizada conforme o
NOVO ACORDO ORTOGRÁFICO DA LÍNGUA PORTUGUESA.

Colabore com a produção científica e cultural.
Proibida a reprodução total ou parcial desta obra
sem a autorização do editor.
Nº de Catálogo: **3927**

Dados Internacionais de Catalogação na Publicação (CIP)
(Câmara Brasileira do Livro, SP, Brasil)

Leite, Morena
  Santinho: comida para compartilhar / Morena Leite. – São Paulo : Gaia, 2016

  ISBN 978-85-7555-460-9

  1. Culinária 2. Receitas 3. Santinho (Restaurante, São Paulo, SP) I. Título.

16-06166   CDD-641.5

Índice para catálogo sistemático:

1. Receitas : Culinária : Economia doméstica   641.5

NOSSO CAMINHAR e como tudo começou

O Santinho nasceu inspirado no Capim Santo, restaurante de cozinha brasileira, que traz um DNA tropical da sua matriz em Trancoso (BA), com um cardápio servido na hora do almoço em buffet. Receitas preparadas com ingredientes frescos, de forma farta e saudável, sempre foram características da acolhedora bancada gourmet, com seis ilhas: uma fria de criativas e deliciosas saladas e cinco quentes; a primeira de grãos, na sequência feijões, acompanhamentos, proteínas e tapiocas feitas na hora.

O Santinho acendeu seu fogo no Instituto Tomie Ohtake, e essa veia contemporânea e artística se fixou à marca. A força da grande artista Tomie Ohtake, a paixão dela pela sua obra e pelo realizar inspiraram Morena, nossa chef. A ideia de unir a cultura e a gastronomia deu tão certo que o Santinho foi eleito pelo júri especial da revista *Veja SP Comer&Beber 2014/2015* como o melhor restaurante de comida bufê de São Paulo, colocando-o definitivamente nas preferências do paulistano.

Hoje, o Santinho está também no Museu da Casa Brasileira, no Theatro Municipal e na SP-Arte, e tem a pretensão de crescer e de se expandir sempre em espaços de arte e cultura.

SANTINHO Tomie Ohtake

Foi aqui, no Instituto Tomie Ohtake, que nossa história começou, quando fomos convidados a abrir o Capim Santo. Entendemos que as curvas e o concreto deste ambiente tão contemporâneo e artístico pediam algo novo. E esse novo nos ofereceu uma oportunidade que não estava em nosso radar. Nasceu então o Santinho! Com uma cozinha gourmet integrada ao salão, tudo num único espaço, moderno, acolhedor e com o mesmo DNA gastronômico do Capim Santo, porém, com um estilo mais jovem e descontraído.

SANTINHO Museu da Casa Brasileira

Desde que cheguei a São Paulo, em 2000, sempre sonhei em atuar na cozinha do Museu da Casa Brasileira. Um sonho de menina que queria ganhar as panelas da cidade! Foi então que, em 2012, recebemos uma carta nos convidando para participar de uma licitação do museu. Para minha felicidade, assumimos então os sonhados fogões, uma felicidade imensa em poder oferecer uma comida de casa, que é sempre mais gostosa. Uma casa brasileira com comida brasileira! Esse é um dos reflexos que tanto amo no meu ofício: acolher pessoas e recebê-las no meio de um delicioso jardim. Eu, uma cozinheira de coração canceriano, recebi esse desafio como um presente enorme!

SANTINHO Theatro Municipal de São Paulo

Já com a fama de ser um restaurante de cozinha brasileira, artesanal e saudável, recebemos o convite para assumir também a cozinha do clássico e imponente Theatro Municipal de São Paulo. Nos apaixonamos pela ideia e pelo convite, assim podemos mostrar os vários reflexos do nosso Brasil que tanto nos fascina e nos motiva diariamente.

SANTINHO versão POP UP, na SP-ARTE

Acredito que somos um reflexo das nossas vivências e das nossas experiências e, com certeza, ter a oportunidade de ser o restaurante oficial da SP-Arte, a maior feira de arte contemporânea da América Latina, nos inspirou. O contato com tantos artistas nos aguçou e nos motiva a cada vez mais mergulhar nesse universo, entendendo que alimentamos pessoas não só com o sabor da nossa comida, mas também com a apresentação dela. Com a história de cada prato, o restaurante tem o papel de uma capela, um "santuário" no qual se restaura o espírito do acolhimento, da simpatia, dos sabores e da alegria.

NOSSO INGREDIENTE: um time feliz!

Acredito que um simples ovo caipira pode se tornar uma iguaria quando bem-executado pelas mãos de um cozinheiro apaixonado e comprometido com o alimento. Por isso, tenho comigo a certeza de que o principal ingrediente das minhas cozinhas é o meu time, a minha equipe! Obrigada a cada um de vocês que fazem parte do meu dia a dia!

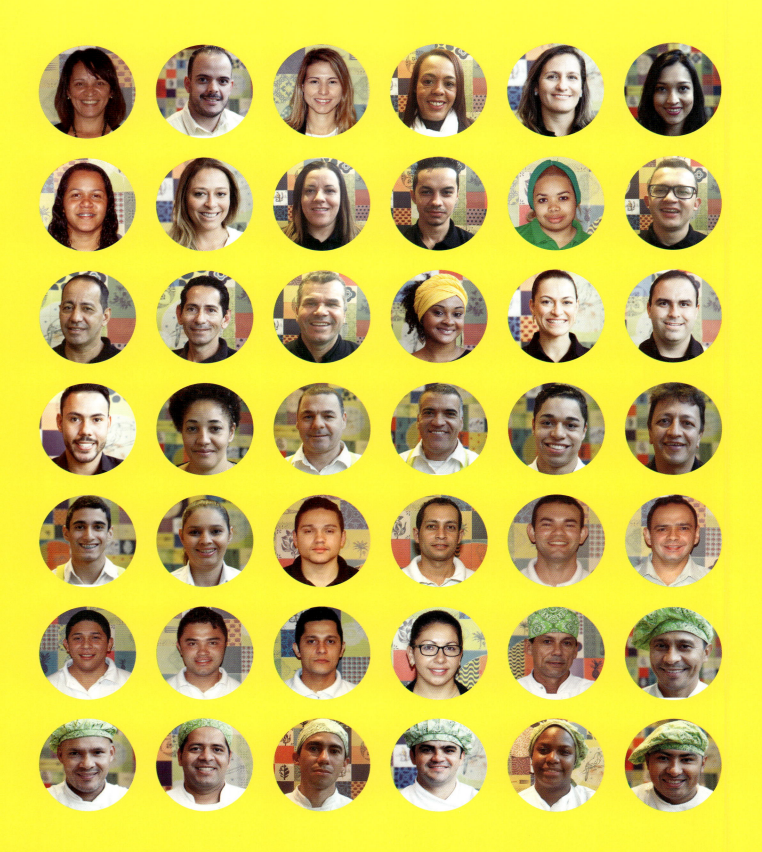

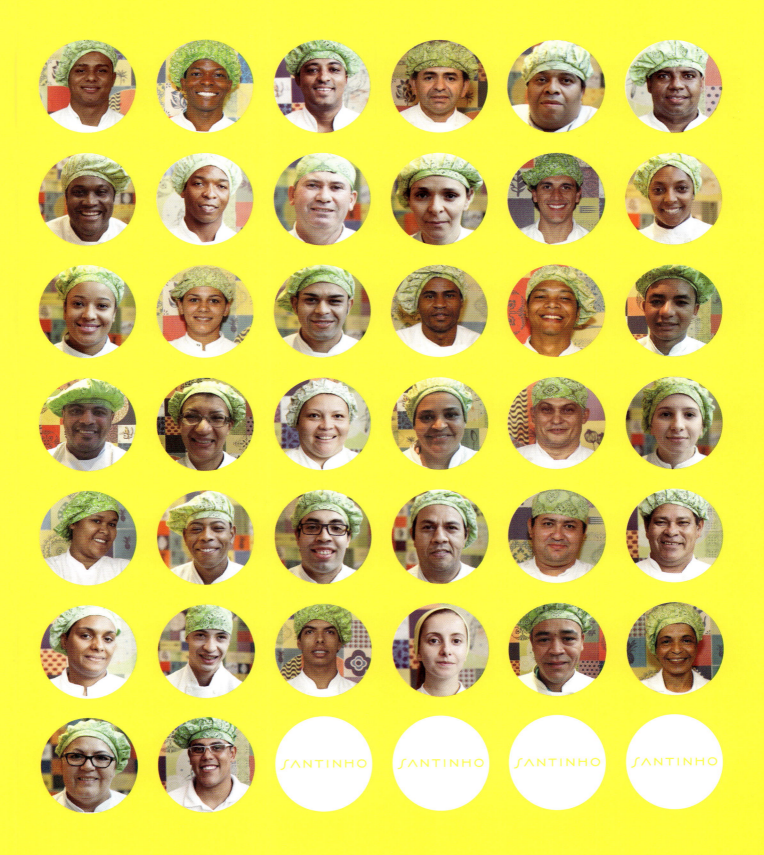

HOMENAGEM à Tomie Ohtake

Mais do que um agradecimento, gostaria de prestar aqui uma homenagem à grande Tomie Ohtake, *in memoriam*, e a toda família Ricardo e Ruy. O Santinho nasceu no Instituto Tomie Ohtake. Carregamos com muito orgulho e muita honra o sobrenome de vocês, que sempre temperaram e ainda temperam nossa cidade de São Paulo com tantas curvas e tanta arte! Arte que nos inspira, nos fez crescer e expandir, nos fez juntar a cozinha e a arte em um mesmo universo.

Estar no Instituto Tomie Ohtake nos abriu as portas do Museu da Casa Brasileira, do Theatro Municipal de São Paulo e da SP-Arte, no Ibirapuera. O exemplo de vida e realizações desta mulher tão vibrante me faz sonhar em ser como ela: querer passar dos 100 anos cozinhando e saboreando a vida e temperando vidas, assim como ela fez com seus pincéis.

NOSSA MATÉRIA-PRIMA: ingredientes frescos

Conhecer a origem do produto é algo fundamental para que o nosso cardápio reflita nossa essência. Por isso buscamos trabalhar com ingredientes brasileiros, frescos e saudáveis. Conhecer o método de produção e construir uma relação saudável com quem produz os alimentos; estabelecer e cumprir as entregas e manter a qualidade fazem parte da receita de cada prato elaborado e servido por nós.

ÍNDICE por capítulos

SALADAS	41
PRATOS QUENTES	87
GRÃOS	89
FEIJÕES	109
ACOMPANHAMENTOS	123
PROTEÍNAS	149
MASSAS	211
SOBREMESAS	231

ÍNDICE por receitas

SALADAS 41

Tabule de quinoa	42
Cuscuz marroquino com infusão de capim-santo e legumes	44
Salada de trigo com castanhas brasileiras	46
Salada de lentilha com cebola roxa caramelizada	48
Legumes salteados com abóbora, vagem, cogumelos, tomate e batata-doce roxa	50
Vinagrete de abacaxi	52
Salada de banana	54
Panacota de burrata com compota de tomate	56

Terrine de bacalhau com tapenade de azeitonas	58
Cuscuz paulista	60
Terrine de figo com presunto cru	62
Tarte tatin de tomate	64
Quiche de alho-poró	66
Quiche de cebola caramelizada	68
Quiche de cogumelos	70
Quiche à provençal	72
Ceviche de peixe com palmito pupunha	74
Salada de camarão com manga	76
Salada morna de lula com rúcula e tomate	78
Grão-de-bico com bacalhau	80
Salada de surubim defumado com aspargos	82
Tirinhas de frango empanadas com gergelim	84

PRATOS QUENTES - grãos 89

Arroz integral 90

Arroz com coco 92

Risoto de beterraba com azeite trufado e coalhada seca 94

Arroz selvagem com pato 96

Arroz negro com lula, rúcula e tomate confit 98

Arroz de carreteiro 100

Arroz com lentilhas com cebolas caramelizadas e cordeiro 102

Risoto de abóbora com carne-seca 104

Arroz com galinha e pequi 106

PRATOS QUENTES - feijões 109

Lentilha 110

Feijão-vermelho 112

Feijão-verde 114

Feijão-tropeiro de frutos do mar 116

Feijão-branco com linguiça calabresa 118

Feijoada completa 120

PRATOS QUENTES - acompanhamentos ... 123

Farofa de banana ... 124

Farofa de pão preto com maçã e castanha-do-pará ... 126

Farofa de milho ... 128

Farofa de camarão ... 130

Farofa de feijão-verde com carne-seca ... 132

Farofa de milho branco com presunto cru e figo ... 134

Farofa de beiju ... 136

Frigideira de legumes com aspargos, cebola roxa, abobrinha e cenoura ... 138

Ratatouille brasileiro ... 140

Creme de cenoura ... 142

Creme de ervilha com taioba ... 144

Purê de banana-da-terra ... 146

PRATOS QUENTES - proteínas ... 149

Saint-pierre com molho de alho-poró ... 150

Robalo com banana-ouro ... 152

Robalo na brasa com minilegumes	154
Costela de tambaqui	156
Tucunaré com tucupi, jambu e sagu	158
Linguado empanado com quinoa recheado com palmito pupunha	160
Atum empanado com sementes e grãos com molho de tamarindo	162
Moqueca de peixe	164
Robalo com crosta de capim-santo	166
Pargo marinado na beterraba	168
Bacalhau em natas	170
Bacalhau com banana-da-terra	172
Camarão ensopado com palmito pupunha e tapioca	174
Grelha de frutos do mar	176
Crumble de frango cremoso	178
Frango envolto em crepe de mandioquinha	180

Frango ensopado com milho verde e catupiry	182
Xinxim de galinha	184
Frango com curry vermelho e amendoim	186
Carne-seca com abóbora na moranga	188
Medalhão com queijo coalho	190
Rabada com agrião e mandioca	192
Ossobuco de vitela	194
Carne de panela	196
Barreado do Santinho	198
Carré de javali com banana-da-terra e couve	200
Picadinho de leitoa com molho de pimentas	202
Pernil de cabrito	204
Mignon de cordeiro com shitake	206
Strogonoff de vitela	208

MASSAS 211

Ravióli de tapioca recheado com queijo Serra da Canastra 212

Nhoque de mandioquinha com molho de sálvia 214

Ravióli de abóbora recheado com queijo Serra da Canastra 216

Nhoque de batata-doce roxa com frutos do mar 218

Rigatoni recheado 220

Trancinhas com carne moída, gorgonzola e couve-flor 222

Polenta branca com ragu de cogumelos 224

Polenta com ragu de calabresa 226

Aligot de tapioca com ragu de pato 228

SOBREMESAS 231

Cheesecake de goiaba	234
Timbale de banana com nutela e farofa de castanha-do-pará	236
Torta de coco com baba de moça	238
Pudim de milho	240
Terrine de abóbora com coco	242
Queijadinha	244
Brigadeiro de capim-santo	246

TABULE de quinoa

150 g de quinoa colorida
150 g de quinoa branca
200 g de pepino cortado em cubos, sem o miolo
200 g de tomate cortado em cubos
100 g de cebola roxa cortada em cubos
10 ml de azeite de oliva
sal refinado a gosto
1 pitada de pimenta-do-reino
8 g de gengibre picadinho
8 g de pimenta dedo-de-moça picadinha
1 limão taiti (suco e raspa)
1 limão-siciliano (suco e raspa)
1 limão-cravo (suco e raspa)
salsinha picada a gosto

Pesto de salsinha
75 ml de azeite de oliva
10 g de folhas de manjericão
20 g de salsinha sem o talo
1 pitada de alho picadinho
10 g de castanha de caju
sal refinado a gosto
10 ml de suco de limão taiti

Cozinhe a quinoa em água fervente com sal. Escorra bem em uma peneira. Reserve. Coloque a cebola roxa para marinar no suco e nas raspas dos limões. Depois escorra. Misture a quinoa, o tomate, o pepino, a cebola roxa marinada, a pimenta dedo-de-moça, o gengibre e o pesto, tempere com sal e pimenta-do-reino. Finalize com salsinha picada. **Modo de preparo do pesto:** doure o alho no azeite, coloque no liquidificador para processar o manjericão, a salsinha e a castanha. Tempere com o sal e o suco de limão. Bata tudo até ficar homogêneo.

Rendimento: 8 porções
Tempo de preparo: 30 minutos
Grau de dificuldade: fácil

CUSCUZ MARROQUINO com infusão de capim-santo e legumes

250 g de cuscuz marroquino
220 ml de água fervente
30 g de folhas de capim-santo
sal refinado a gosto
1 pitada de pimenta-do-reino
20 ml de azeite
raspas e suco de limão-siciliano,
cravo e taiti, a gosto
3 g de gengibre picado
1 pitada de pimenta dedo-de-moça
50 g de cebola roxa picada em cubos
150 g de berinjela picada em cubos
100 g de pimentão amarelo sem casca e
sem sementes picado em cubos
100 g de tomate picado em cubos
150 g de tomate-cereja
5 g de manjericão
50 g de amêndoas laminadas
salsinha picada a gosto

Pesto de salsinha

75 ml de azeite de oliva
10 g de folhas manjericão
20 g de salsinha sem o talo
1 g de alho picadinho
10 g de castanha-de-caju
sal refinado a gosto
1/2 limão taiti (suco)

Em um liquidificador, bata as folhas de capim-santo com a água e coe em uma peneira. Aqueça e hidrate o cuscuz com a água de capim-santo. Após hidratado, desfaça-o para que fique solto e tempere com gengibre, pimenta dedo-de-moça, raspas e suco dos limões, sal, pimenta-do-reino e salsinha. Reserve. Corte a cebola roxa em cubos e refogue. Reserve. Corte a berinjela em cubos (somente a casca) e frite por imersão em óleo quente. Tempere com parte do sal. Reserve. Frite o pimentão por imersão em óleo quente, retire a pele e corte em cubos pequenos. Tempere com parte do sal. Reserve. Corte o tomate italiano em cubos e o tomate-cereja ao meio. Tempere com parte do sal. Reserve. Misture todos os ingredientes ao cuscuz e finalize com a salsinha picada. **Modo de preparo do pesto:** doure o alho no azeite, coloque no liquidificador para processar o manjericão, a salsinha e a castanha. Tempere com o sal e o suco de limão. Bata tudo até ficar homogêneo.

Rendimento: 8 porções
Tempo de preparo: 40 minutos
Grau de dificuldade: fácil

SALADA DE TRIGO com castanhas brasileiras

800 g de trigo grosso
200 g de cebola roxa picada em cubinhos
4 limões-cravo (raspas e suco)
20 g de castanha-de-caju picada
20 g de castanha-do-pará picada
20 g de castanha de baru picada
20 g de amendoim picado
4 g de cominho
80 g de polpa de tamarindo
80 g de extrato de tomate
80 g de geleia de uvaia
salsinha picada a gosto
8 g de pimenta dedo-de-moça
picada sem semente
8 g de gengibre picado
80 ml de azeite de oliva
sal e pimenta-do-reino a gosto

Hidrate o trigo em água morna. Marine as cebolas nas raspas e no suco do limão. Misture ao trigo hidratado a cebola, castanhas cortadas grosseiramente, amendoim, cominho, polpa de tamarindo, extrato de tomate, metade da geleia de uvaia, salsinha, pimenta dedo-de-moça, o gengibre e o azeite. Tempere com sal e pimenta-do-reino. Sirva com uma colher de geleia de uvaia.

Rendimento: 8 porções

Tempo de preparo: 1 hora

Grau de dificuldade: fácil

SALADA DE LENTILHA com cebola roxa caramelizada

180 g de lentilha
70 g de lentilha amarela
70 g de lentilha puy
70 g de lentilha verde
sal refinado a gosto
250 g de cebola roxa cortada em cubos
1 pitada de pimenta-do-reino
50 g de açúcar refinado
100 ml de aceto balsâmico
100 g de tomate-pera amarelo
100 g de tomate-pera vermelho
8 g de pimenta dedo-de-moça picada
sem sementes
8 g de gengibre picadinho
2 limões taiti (suco e raspa)
1 limão-siciliano (suco e raspa)
1 limão-cravo (suco e raspa)
1 pitada de tomilho picadinho
1 pitada de manjericão picadinho
1 pitada de sálvia picadinha
1 pitada de alecrim picadinho
salsinha picada a gosto

Cozinhe as lentilhas separadamente em água fervente com sal. Escorra e reserve. Corte a cebola roxa em tiras, tempere com sal, pimenta-do-reino, açúcar e aceto balsâmico, leve ao fogo até murchar. Misture a cebola já caramelizada, os tomatinhos, as lentilhas, a pimenta dedo-de-moça e o gengibre ao mix de limões e ao mix de ervas. **Modo de preparo do pesto:** doure o alho no azeite, coloque no liquidificador para processar o manjericão, a salsinha e a castanha. Tempere com o sal e o suco de limão. Bata tudo até ficar homogêneo. Finalize com o pesto e a salsinha picada a gosto.

Rendimento: 8 porções
Tempo de preparo: 30 minutos
Grau de dificuldade: fácil

LEGUMES SALTEADOS com abóbora, vagem, cogumelos, tomate e batata-doce roxa

300 g de abóbora japonesa com
casca sem sementes
cortada em cubos
300 g de ervilha-torta
cortada em cubos
300 g de cogumelo paris
cortado ao meio
300 g de tomate-cereja
cortado ao meio
300 g de batata-doce roxa
cortada em cubos
30 ml de azeite de oliva
sal refinado a gosto
1 pitada de pimenta-do-reino preta
salsinha picada a gosto

Branqueie a ervilha e a batata-doce em água fervente, escorra e leve em um bowl com água fria, escorra novamente. Reserve. Em uma frigideira, salteie todos os legumes no azeite aquecido. Tempere com sal e pimenta-do-reino. Finalize com a salsinha. Sirva a seguir.

Rendimento: 8 porções
Tempo de preparo: 30 minutos
Grau de dificuldade: fácil

VINAGRETE de abacaxi

400 g de abacaxi cortado em cubos pequenos
100 g de cebola roxa cortada em cubos pequenos
1 limão taiti (suco e raspa)
1 limão-siciliano (suco e raspa)
1 limão-cravo (suco e raspa)
30 ml de azeite de oliva
8 g de sal refinado
1 pitada de pimenta-do-reino preta
8 g de pimenta dedo-de-moça
picada sem sementes
8 g de gengibre picadinho
salsinha picada a gosto

Corte o abacaxi sem o miolo em cubos pequenos. Reserve. Corte a cebola em cubos pequenos e deixe marinando no mix dos limões e uma parte do sal. Reserve. Misture o abacaxi, a cebola marinada, a pimenta dedo-de-moça e o gengibre. Tempere com sal e pimenta-do-reino. Finalize com a salsinha picada. Sirva a seguir.

Rendimento: 8 porções
Tempo de preparo: 30 minutos
Grau de dificuldade: fácil

SALADA de banana

12 unidades de bananas-nanicas
100 g de castanha-de-caju
ou amêndoas laminadas
100 g de uva-passa preta
6 g de gergelim preto
suco de 2 limões taiti
30 ml de azeite de oliva
salsinha picada a gosto

Descasque e corte as bananas em rodelas grossas, regue-as com o suco do limão. Pique grosseiramente as castanhas, junte a uva-passa, o gergelim preto, o azeite, a salsinha picada e misture. Sirva a seguir.

Rendimento: 8 porções
Tempo de preparo: 20 minutos
Grau de dificuldade: fácil

PANACOTA DE BURRATA com compota de tomate

400 g de queijo burrata
200 ml de leite integral
200 ml de creme de leite fresco
sal refinado a gosto
1 pitada de pimenta-do-reino preta
100 ml de água filtrada
10 g de gelatina sem sabor

Compota de tomate

100 g de açúcar refinado
100 ml de água
250 g de tomate italiano maduro
cortado em cubos
1 pitada de pimenta-do-reino preta
5 g de pimenta dedo-de-moça
picada sem sementes
5 g de gengibre picado
folhas de manjericão a gosto

Bata no liquidificador o queijo, o leite e o creme de leite. Tempere com sal e pimenta-do-reino. Reserve. Hidrate e dissolva a gelatina com água. Depois de dissolvida, misture a gelatina ao líquido. Ccloque tudo dentro de uma fôrma de bolo inglês, leve à geladeira de um dia para o outro. Depois de criar a consistência, desenforme e sirva com a compota de tomate. **Compota:** faça um caramelo de açúcar, acrescente o tomate. Deixe reduzir a compota. Tempere com a pimenta-do-reino, a pimenta dedo-de-moça e o gengibre. Depois de pronta, finalize com folhas de manjericão. Sirva.

Rendimento: 8 porções

Tempo de preparo: 30 minutos

Grau de dificuldade: fácil

TERRINE DE BACALHAU com tapenade de azeitonas

300 g de bacalhau
dessalgado desfiado
1 limão taiti (raspa)
1 limão-siciliano (raspa)
1 limão-cravo (raspa)
8 g de gengibre picado
8 g de pimenta dedo-de-moça
picada sem sementes
1 pitada de pimenta-do-reino preta
sal refinado a gosto
30 ml de azeite de oliva
15 g de alho picado
80 g de cebola cortada em cubos
50 g de alho-poró
salsinha picada a gosto
100 ml de creme de leite fresco
100 ml de água filtrada
10 g de gelatina sem sabor

Tapenade
300 g de azeitona preta
30 ml de azeite de oliva
15 g de alho picado
80 g de cebola cortada em cubos
sal refinado a gosto
1 pitada de pimenta-do-reino preta

Tempere o bacalhau com raspas dos limões, gengibre, pimenta dedo-de-moça, sal e pimenta-do-reino. Reserve. Em uma panela, doure o alho no azeite aquecido, refogue a cebola e o alho-poró, acrescente o bacalhau. Quando o bacalhau estiver refogado, adicione o creme de leite, misture bem e deixe levantar fervura. Desligue o fogo e reserve. Quando o bacalhau estiver frio, leve ao processador até que o creme fique homogêneo. Hidrate e dissolva a gelatina com água. Depois de dissolvida, misture a gelatina ao creme e coloque tudo dentro de uma fôrma de bolo inglês, leve à geladeira de um dia para o outro. Depois de criar a consistência, desenforme e sirva com o tapenade. **Tapenade:** desencaroce as azeitonas. Reserve. Em uma panela, doure o alho no azeite aquecido, refogue a cebola. Coloque a mistura do alho com a cebola e a azeitona no liquidificador, bata até virar uma pasta. Tempere com sal e pimenta-do-reino. **Dica:** decore com broto de beterraba.

Rendimento: 8 porções
Tempo de preparo: 40 minutos
Grau de dificuldade: médio

CUSCUZ paulista

4 ovos cozidos
200 g de camarão cinza
limpo com rabo
200 g de lula baby fresca
limpa e cortada em anéis
200 g de tentáculo de polvo
cozido cortado em anéis
20 ml de azeite de oliva
110 g de cebola roxa
50 g de pimentão amarelo
50 g de pimentão vermelho
260 g de filé de peixe
sal refinado a gosto
1 pitada de pimenta-do-reino
50 g de milho verde *in natura*
50 g de ervilha congelada
180 ml de leite de coco
180 g de molho de tomate
180 ml de caldo de legumes
5 g de pimenta dedo-de-moça
5 g de gengibre
3 ml de tabasco
20 g de azeitona preta
150 g de farinha de milho amarela
salsinha picada a gosto
1 limão taiti
1 limão-cravo
1 limão-siciliano

Marine os frutos do mar separadamente com sal, pimenta-do--reino, gengibre, pimenta dedo-de-moça, raspas e suco de limão. Em uma frigideira, aqueça o azeite e salteie os camarões, a lula cortada em anéis e o polvo. Reserve. Refogue com parte do azeite. Em outra panela, refogue a cebola roxa, os pimentões, o peixe, a farinha de milho e a ervilha. Acrescente os líquidos e deixe ferver, coloque a pimenta dedo-de-moça, o gengibre, o tabasco, a azeitona preta, a salsinha, acerte o sal, a pimenta-do-reino e o limão. Após a fervura, acrescente a farinha de milho e mexa sem parar até desgrudar da panela. Unte uma fôrma de terrine ou bolo inglês com azeite e monte o cuscuz, colocando os camarões, os anéis de lula e os anéis de polvo no fundo da fôrma. Depois, acrescente o cuscuz já cozido. Sirva a seguir.

Rendimento: 8 porções
Tempo de preparo: 30 minutos
Grau de dificuldade: fácil

TERRINE DE FIGO com presunto cru

1 kg de presunto
parma cortado
em lâminas
24 unidades de figos
frescos cortados ao meio

Em uma fôrma de bolo inglês (24 cm x 10 cm), forre com filme plástico, cubra a fôrma com as lâminas de presunto cru, coloque os figos encarreirados dentro da fôrma com a casca virada para baixo. Vire para dentro as aparas do presunto e cubra com o restante co filme. Coloque um peso (1 kg) em cima da terrine para prensar os figos. Leve à geladeira de um dia para o outro. Depois que estiver bem consistente, desenforme, decore e sirva.

Rendimento: 8 porções

Tempo de preparo: 30 minutos

Grau de dificuldade: fácil

TARTE TATIN de tomate

Massa

100 g de manteiga sem sal
250 g de farinha de trigo
30 g de pesto
sal refinado a gosto

Recheio

1 kg de tomate-cereja
30 ml de azeite de oliva
sal refinado a gosto
1 pitada de pimenta-do-reino
1 limão taiti (raspa)
1 limão-siciliano (raspa)
1 limão-cravo (raspa)
1 pitada de tomilho picadinho
1 pitada de manjericão picadinho
1 pitada de sálvia picadinha
1 pitada de alecrim picadinho
folhas de manjericão para decorar

Misture os ingredientes amassando com as pontas dos dedos até formar uma massa com aspecto de farofa. Forre o fundo da fôrma (aproximadamente 26 cm de diâmetro), leve ao forno preaquecido a 150 graus, por 5 minutos. Enquanto a massa da torta estiver no fogo, corte os tomates ao meio e tempere com azeite, sal, pimenta-do-reino, raspa dos limões e as ervas. **Montagem:** coloque os tomates em cima da massa com as sementes para baixo, em formato de leque. Leve ao forno preaquecido a 150 graus, por mais 10 minutos. Retire do forno e decore com folhas de manjericão para servir.

Rendimento: 8 porções

Tempo de preparo: 40 minutos

Grau de dificuldade: fácil

QUICHE de alho-poró

Massa
150 g de manteiga sem sal
300 g de farinha de trigo
50 g de pesto
sal refinado a gosto

Recheio
100 g de parmesão ralado
5 ovos
250 ml de leite integral
250 ml de creme de leite fresco
30 ml de azeite de oliva
10 g de alho picado
80 g de cebola cortada em cubos
800 g de alho-poró
sal refinado a gosto
1 pitada de pimenta-do-reino preta

Para decorar
20 ml de azeite de oliva
300 g de alho-poró cortado em tiras

Massa: misture os ingredientes amassando com as pontas dos dedos, até formar uma massa com aspecto de farofa. Forre o fundo e lateral da fôrma de quiche (aproximadamente 26 cm de diâmetro). Reserve. **Recheio:** corte o alho-poró em lâminas. Em uma panela, doure o alho no azeite, refogue a cebola, junte o alho--poró e deixe refogar até que o alho esteja murcho. Retire do fogo. Reserve. Em um bowl, acrescente o leite, o creme de leite, os ovos e misture. Tempere com sal e pimenta-do-reino. Coloque sobre a massa o parmesão ralado e o recheio e leve ao forno preaquecido a 180 graus, deixe por volta de 1 hora até que o recheio esteja firme e a quiche, dourada. **Cobertura:** em uma frigideira, coloque o alho--poró no azeite aquecido. Mexa aos poucos até murchar. Decore e sirva.

Rendimento: 8 porções

Tempo de preparo: 1 hora e 30 minutos

Grau de dificuldade: fácil

QUICHE de cebola caramelizada

Massa
150 g de manteiga sem sal
300 g de farinha de trigo
50 g de pesto
sal refinado a gosto

Recheio
100 g de parmesão ralado
250 ml de leite integral
250 ml de creme de leite fresco
sal refinado a gosto
1 pitada de pimenta-do-reino preta
5 ovos
1,5 kg de cebola

Para decorar
500 g de cebola
20 ml de azeite

Massa: misture os ingredientes amassando com as pontas dos dedos até formar uma massa com aspecto de farofa. Forre o fundo e a lateral da fôrma de quiche (aproximadamente 26 cm de diâmetro). Reserve. **Recheio:** descasque as cebolas e corte-as em tirinhas. Em uma panela, acrescente as cebolas e deixe refogar, em fogo baixo, até que elas estejam macias, bem douradas e caramelizando. Retire do fogo. Reserve. Em um bowl, acrescente o leite, o creme de leite, os ovos e misture. Tempere com sal e pimenta-do-reino. Coloque sobre a massa o parmesão ralado e o recheio e leve ao forno preaquecido a 180 graus, deixe por volta de 1 hora até que o recheio esteja firme e a quiche, dourada. **Cobertura:** corte a cebola em tiras. Em uma frigideira, coloque a cebola no azeite aquecido. Mexa aos poucos até a cebola caramelizar. Tempere com sal e pimenta-do-reino e despeje sobre a quiche assada para decorar. Sirva.

Rendimento: 8 porções

Tempo de preparo: 1 hora e 30 minutos

Grau de dificuldade: fácil

QUICHE de cogumelos

Massa
150 g de manteiga sem sal
300 g de farinha de trigo
50 g de pesto
sal refinado a gosto

Recheio
100 g de parmesão ralado
400 g de cogumelo paris
400 g de cogumelo shitake
400 g de cogumelo shimeji
5 ovos
300 ml de leite integral
300 ml de creme de leite fresco
sal refinado e pimenta-do-reino a gosto

Para decorar
30 ml de azeite de oliva
300 g de cogumelo paris
300 g de cogumelo shitake
300 g de cogumelo shimeji

Massa: misture os ingredientes amassando com as pontas dos dedos até formar uma massa com aspecto de farofa. Forre o fundo e a lateral da fôrma de quiche (aproximadamente 26 cm de diâmetro). Reserve. **Recheio:** corte os cogumelos em lâminas. Em uma panela, doure o alho no azeite, refogue a cebola e junte os cogumelos aos poucos e deixe refogar. Retire do fogo. Reserve. Em um bowl, acrescente o leite, o creme de leite, os ovos e misture. Tempere com sal e pimenta-do-reino. Coloque sobre a massa o parmesão ralado e o recheio e leve ao forno preaquecido a 180 graus, deixe por volta de 1 hora até que o recheio esteja firme e a quiche, dourada. **Para decorar:** corte os cogumelos paris e shitake em lâminas e desfie o cogumelo shimeji. Em uma panela, doure o alho no azeite e refogue os cogumelos separadamente. Tempere com sal e pimenta-do-reino e despeje sobre a quiche assada para decorar. Sirva a seguir.

Rendimento: 8 porções

Tempo de preparo: 90 minutos

Grau de dificuldade: fácil

QUICHE à provençal

Massa

150 g de manteiga sem sal
300 g de farinha de trigo
100 g de pesto
sal refinado a gosto

Recheio

100 g de parmesão ralado
5 ovos
300 ml de leite integral
300 ml de creme de leite fresco
sal refinado a gosto
1 pitada de pimenta-do-reino preta
200 g de abobrinha italiana em rodelas
200 g de berinjela em rodelas
200 g de cebola em rodelas
200 g de tomate em rodelas

Cobertura

30 ml de azeite de oliva
300 g de berinjela em rodelas
300 g de cebola em rodelas
300 g de tomate em rodelas
300 g de abobrinha italiana em rodelas
300 g de cebola roxa em rodelas
folhas de manjericão a gosto

Massa: misture os ingredientes amassando com as pontas dos dedos até formar uma massa com aspecto de farofa. Forre o fundo e a lateral da fôrma de quiche (aproximadamente 26 cm de diâmetro). Reserve. **Recheio:** grelhe os legumes separadamente. Reserve. Em um bowl, acrescente o leite, o creme de leite, os ovos e misture. Tempere com sal e pimenta-do-reino. Coloque sobre a massa o parmesão ralado e os legumes intercalados. Leve ao forno preaquecido a 180 graus, deixe por volta de 1 hora até que o recheio esteja firme e a quiche, dourada. **Cobertura:** grelhe os legumes, tempere com sal e pimenta-do -reino, despeje sobre a quiche já assada decorando em forma de leque. Decore com o manjericão e sirva a seguir.

Rendimento: 8 porções

Tempo de preparo: 1 hora e 30 minutos

Grau de dificuldade: fácil

CEVICHE DE PEIXE com palmito pupunha

400 g de filé de peixe
cortado em cubos (cherne)
sal refinado a gosto
1 pitada de pimenta-do-reino preta
300 g de palmito pupunha
cortado em cubinhos
100 g de cebola roxa
cortada em cubinhos
8 g de pimenta dedo-de-
-moça picada sem sementes
8 g de gengibre picado
30 ml de azeite
raspas e suco de limão-
-siciliano, cravo e taiti, a gosto
100 ml de leite de coco
salsinha picada a gosto

Marine a cebola roxa com metade do suco dos limões e tempere com sal. Reserve. Tempere o peixe com sal, pimenta-do-reino, raspas dos limões, pimenta dedo-de-moça e gengibre. Acrescente o palmito pupunha, escorra a cebola marinada e junte ao peixe. Acerte o sal, coloque o restante do suco dos limões, o leite de coco e a salsinha. Sirva a seguir.

Rendimento: 8 porções
Tempo de preparo: 30 minutos
Grau de dificuldade: fácil

SALADA DE CAMARÃO com manga

1 kg de camarão limpo (apenas com rabo)
30 ml de azeite de oliva
10 g de alho picado
80 g de cebola cortada em cubos
sal refinado a gosto
1 pitada de pimenta-do-reino preta
8 g de pimenta dedo-de-moça
picada sem sementes
8 g de gengibre picado
400 g de manga cortada em cubos
2 limões taiti (suco e raspa)
1 limão-siciliano (suco e raspa)
1 limão-cravo (suco e raspa)
salsinha picada a gosto

Tempere o camarão com o mix dos limões, o sal, a pimenta-do-reino, a pimenta dedo-de-moça e o gengibre. Reserve. Em uma panela, aqueça o azeite, doure o alho, refogue a cebola. Salteie os camarões aos poucos até dourar. Deixe esfriar. Em um refratário, coloque a manga e os camarões, acerte o tempero. Finalize com a salsinha e sirva a seguir.

Rendimento: 8 porções
Tempo de preparo: 30 minutos
Grau de dificuldade: fácil

SALADA MORNA de lula com rúcula e tomate

800 g de lula baby fresca cortada em anéis
sal refinado a gosto
1 pitada de pimenta-do-reino preta
1 limão taiti (suco e raspa)
1/2 limão-siciliano (suco e raspa)
1/2 limão-cravo (suco e raspa)
8 g de pimenta dedo-de-moça
picada sem sementes
8 g de gengibre picado
30 ml de azeite de oliva
20 g de alho picado
80 g de rúcula
80 g de tomate-cereja-pera vermelho
Pesto de salsinha
75 ml de azeite de oliva
10 g de folhas de manjericão
20 g de salsinha sem o talo
1 pitada de alho picadinho
10 g de castanha-de-caju
sal refinado a gosto
1/2 limão taiti (suco)

Tempere os anéis de lula com azeite, sal, pimenta-do-reino, raspas e sucos dos limões, pimenta dedo-de-moça e gengibre. Deixe marinar por 10 minutos. Em uma panela, doure o alho com um pouco de azeite. Junte e refogue rapidamente os anéis de lula, acrescente o tomate-cereja-pera e a seguir a rúcula, então desligue o fogo. Finalize com o pesto. **Modo de preparo do pesto:** doure o alho no azeite, coloque no liquidificador para processar o manjericão, a salsinha e a castanha. Tempere com o sal e o suco de limão. Bata tudo até ficar homogêneo.

Rendimento: 8 porções
Tempo de preparo: 40 minutos
Grau de dificuldade: médio

GRÃO-DE-BICO com bacalhau

500 g de grão-de-bico
60 ml de azeite de oliva
30 g de alho picado
150 g de cebola cortada em cubos
sal refinado a gosto
1 pitada de pimenta-do-reino preta
8 g de pimenta dedo-de-moça
picada sem sementes
8 g de gengibre picado
2 limões taiti (suco e raspa)
1 limão-siciliano (suco e raspa)
1 limão-cravo (suco e raspa)
1 pitada de tomilho picadinho
1 pitada de manjericão picadinho
1 pitada de sálvia picadinha
1 pitada de alecrim picadinho
20 g de pesto de salsinha
250 g de bacalhau limpo em lascas (dessalgado)
1 talo de alho-poró
120 g de azeitona preta
salsinha picada a gosto

Em uma panela, doure o alho no azeite aquecido, refogue a cebola, acrescente o grão-de-bico, tempere com sal e pimenta-do-reino, coloque a água e leve ao fogo para cozinhar. Corte o alho-poró em tiras, leve ao fogo em uma panela com um fio de azeite aquecido até murchar, tempere com sal e pimenta-do-reino. Em uma frigideira, doure o alho no azeite, refogue a cebola, acrescente o bacalhau e refogue rapidamente. Desligue o fogo e deixe esfriar. Depois de frio, tempere com sal, pimenta-do-reino, pimenta dedo-de-moça, gergibre, as raspas e os sucos dos limões, as ervas e um pouco do pesto. Tire os caroços das azeitonas e junte ao bacalhau. Em um bowl, coloque o grão-de-bico, o alho-poró e o bacalhau, misture todos os ingredientes, acrescentando o restante do pesto e os sucos dos limões. Ajuste os temperos. Finalize com a salsinha e sirva.

Rendimento: 8 porções
Tempo de preparo: 30 minutos
Grau de dificuldade: médio

SALADA DE SURUBIM defumado com aspargos

1 kg de surubim
30 ml de azeite de oliva
sal refinado a gosto
1 pitada de pimenta-do-reino preta
8 g de pimenta dedo-de-moça
picada sem sementes
8 g de gengibre picado
2 limões taiti (suco e raspa)
1 limão-siciliano (suco e raspa)
1 limão-cravo (suco e raspa)
20 g de pesto de salsinha
240 g de aspargos
salsinha picada a gosto

Corte os surubins em tiras e tempere com sal, pimenta-do-reino, as raspas dos limões, pimenta dedo-de-moça, gengibre e salsinha. Corte os aspargos em tiras e branqueie em água fervente por 1 minuto e depois em água gelada. Escorra e leve ao fogo em uma panela com o azeite aquecido, para saltear. Tempere com sal, pimenta-do-reino e o suco dos limões, junte o surubim. Finalize com a salsinha. Sirva a seguir.

Rendimento: 8 porções

Tempo de preparo: 20 minutos

Grau de dificuldade: fácil

TIRINHAS DE FRANGO empanadas com gergelim

2 limões taiti (suco e raspa)
1 limão-siciliano (suco e raspa)
1 limão-cravo (suco e raspa)
1 pitada de tomilho picadinho
1 pitada de manjericão picadinho
1 pitada de sálvia picadinha
1 pitada de alecrim picadinho
1 kg de peito de frango limpo
cortado em tiras
50 ml de azeite de oliva
sal refinado a gosto
1 pitada de pimenta-do-reino preta
8 g de pimenta dedo-de-moça
picada sem sementes
8 g de gengibre picado
5 ovos
200 g de farinha de trigo
150 g de gergelim preto
150 g de gergelim branco
óleo para fritar

Tempere o frango com o mix de limões, o mix de ervas, o sal, a pimenta-do-reino, a pimenta dedo-de-moça, o gengibre e a salsinha. Deixe marinando por 20 minutos. Pegue três bowls; em um misture os ovos, no outro coloque o trigo e no terceiro coloque os gergelins. **Empanar:** pegue o frango já marinado, passe na farinha de trigo, passe no ovo, escorra em uma peneira e, por último, passe no gergelim e modele com a mão. Coloque o óleo para aquecer em uma panela. Frite as tirinhas já empanadas no óleo aquecido. **Dica:** sirva com molho tarê.

Rendimento: 8 porções
Tempo de preparo: 30 minutos
Grau de dificuldade: fácil

ARROZ integral

30 ml de azeite de oliva
10 g de alho picado
80 g de cebola cortada em cubos
400 g de arroz integral
sal refinado a gosto
1 litro de água filtrada

Ferva a água, reserve. Em uma panela, doure o alho no azeite, junte a cebola e refogue. Logo depois coloque o arroz, deixe fritar, tempere com sal e acrescente a água fervendo. Deixe cozinhar por 20 minutos com a panela tampada em fogo baixo. Sirva a seguir.

Rendimento: 8 porções

Tempo de preparo: 30 minutos

Grau de dificuldade: fácil

ARROZ com coco

30 ml de azeite de oliva
10 g de alho picado
80 g de cebola cortada em cubos
400 g de arroz parboilizado
sal refinado a gosto
1 litro de água filtrada
80 ml de leite de coco
160 g de coco ralado grosso
salsinha picada a gosto

Numa panela, doure o alho, junte e refogue a cebola, despeje o arroz, frite, tempere com sal e adicione a água. Depois do arroz pronto, junte o coco ralado, o leite de coco e finalize com a salsinha picada. Sirva a seguir.

Rendimento: 8 porções
Tempo de preparo: 30 minutos
Grau de dificuldade: fácil

RISOTO DE BETERRABA com azeite trufado e coalhada seca

Caldo de legumes

50 g de cenoura

50 g de cebola

50 g de alho-poró

50 g de salsão

1 litro de água filtrada

Para o risoto

30 ml de azeite de oliva

10 g de alho picado

80 g de cebola cortada em cubos

300 g de arroz arbóreo

160 ml de vinho branco seco

sal refinado e pimenta-do-reino a gosto

8 g de pimenta dedo-de-moça

picada sem sementes

8 g de gengibre picado

500 g de beterraba

1 limão taiti (suco e raspa)

1/2 limão-siciliano (suco e raspa)

1/2 limão-cravo (suco e raspa)

80 g de coalhada seca

80 g de parmesão

8 ml de azeite trufado

salsinha picada a gosto

Caldo: corte em cubos a cebola, a cenoura, o alho-poró e o salsão. Adicione a água e deixe ferver. **Modo de preparo do risoto:** em uma panela, doure o alho no azeite aquecido, refogue a cebola, junte o arroz e frite. Tempere com o sal e a pimenta-do-reino. Adicione o vinho, espere evaporar e, em seguida, coloque o caldo aos poucos, mexendo sem parar em fogo baixo, até que fique *al dente*. Retire da panela e coloque em uma assadeira para esfriar. Lave as beterrabas e bata a metade no liquidificador com a casca e depois peneire. Reserve. A outra metade, descasque e corte em cubos pequenos, tempere com o sal, o suco e as raspas dos limões, a pimenta dedo-de-moça e o gengibre. Reserve. Em outra panela, coloque o arroz já pronto, o caldo e os cubos de beterraba. Ajuste os temperos, regando com o caldo de legumes. Finalize com a coalhada seca, o queijo parmesão e a salsinha. Sirva.

Rendimento: 8 porções

Tempo de preparo: 40 minutos

Grau de dificuldade: médio

ARROZ selvagem com pato

60 ml de azeite de oliva
20 g de alho picado
160 g de cebola cortada em cubos
200 g de arroz selvagem
sal refinado a gosto
pimenta-do-reino a gosto
1 litro de água filtrada
120 g de pato desfiado
200 g de arroz branco cozido
salsinha picada a gosto
Cebola caramelizada
20 ml de azeite de oliva
300 g de cebolas cortadas em tiras

Cozinhe o arroz branco e o selvagem separadamente, com seus devidos tempos de preparo. Tempere com o alho dourado, a cebola refogada, o sal e a pimenta-do-reino. Reserve. Em uma panela, doure o restante do alho no azeite aquecido, refogue a cebola, acrescente o pato desfiado. Misture o arroz branco e o arroz selvagem com o pato. **Cebola caramelizada:** em uma frigideira, aqueça o azeite e adicione a cebola, mexendo aos poucos até que fique caramelizada. Tempere com sal e pimenta-do-reino. Finalize o arroz com as cebolas caramelizadas e a salsinha. Sirva a seguir.

Rendimento: 8 porções
Tempo de preparo: 40 minutos
Grau de dificuldade: médio

ARROZ NEGRO com lula, rúcula e tomate confit

Caldo de legumes

50 g de cebola

50 g de cenoura

50 g de alho-poró

50 g de salsão

1 litro de água filtrada

Pesto de salsinha

75 ml de azeite de oliva

10 g de folhas de manjericão

20 g de salsinha sem o talo

1 pitada de alho picadinho

10 g de castanha-de-caju

sal refinado a gosto

1/2 limão taiti (suco e raspa)

Preparo do risoto

30 ml de azeite de oliva

10 g de alho picado

80 g de cebola cortada em cubos

400 g de arroz negro

120 ml de vinho branco seco

sal refinado a gosto

1 litro de água filtrada

8 g de pimenta dedo-de-moça picada sem sementes

8 g de gengibre picado

640 g de lula cortada

80 g de rúcula

200 g de tomate-cereja

500 ml de caldo de legumes

Caldo: corte em cubos a cebola, a cenoura, o alho-poró e o salsão. Adicione a água e deixe ferver. **Pesto:** doure o alho no azeite, coloque no liquidificador com o manjericão, a salsinha e a castanha. Tempere com o sal e o suco de limão. Bata tudo até ficar homogêneo. Pique as ervas e misture-as. **Risoto:** em uma panela, doure o alho no azeite aquecido, refogue a cebola, acrescente o arroz e frite. Adicione o vinho, espere evaporar e coloque a água. Deixe cozinhar em fogo médio. Depois de cozido, reserve. Corte as lulas em anéis finos. Tempere com uma parte do sal, a pimenta-do-reino, a pimenta dedo-de-moça, o gengibre, as raspas e sucos dos limões e um pouco do pesto. Corte os tomates ao meio e a rúcula grosseiramente. Tempere cada um deles separadamente, com o sal, a pimenta-do-reino e um pouco do pesto. Reserve. Em uma panela, coloque o arroz negro já cozido e temperado. Acrescente o caldo de legumes e ajuste os temperos. Junte as lulas, o pesto e o suco dos limões. Finalize com o tomate-cereja e a rúcula. Sirva.

Rendimento: 8 porções

Tempo de preparo: 40 minutos

Grau de dificuldade: médio

ARROZ de carreteiro

30 ml de azeite de oliva

10 g de alho picado

80 g de cebola cortada em cubos

400 g de arroz parboilizado

sal refinado a gosto

1 litro de água filtrada

30 g de mignon de cordeiro

30 g de mignon de leitoa

30 g de carne-seca

30 g de costela desfiada

80 g de tomate cortado em cubos

80 g de queijo coalho

4 ovos

1 pitada de pimenta-do-reino preta

salsinha picada a gosto

Chips de cebola

400 g de cebola branca

sal refinado e pimenta-do-reino a gosto

250 ml de leite integral

500 g de farinha de trigo

250 ml de água filtrada

Coloque a carne-seca em uma panela com água suficiente para cobri-la. Leve ao fogo. Antes de ferver, escorra, torne a colocar a mesma quantidade de água e leve novamente ao fogo. Depois de dessalgada e cozida, desfie a carne. Reserve. Tempere a costela bovina e cozinhe; depois de cozida, desfie a carne. Reserve. Corte as outras carnes em cubos pequenos. Doure o alho no azeite e a cebola até ficar transparente. Junte as carnes, depois de seladas, tempere com sal e pimenta-do-reino. Deixe caramelizar. Reserve. Cozinhe o arroz, misture as carnes, os ovos, o queijo coalho e o tomate concassé. Finalize com a salsinha. **Modo de preparo da chips de cebola:** corte a cebola ao meio, logo depois corte em formato de meia-lua e tempere com sal e pimenta-do-reino. Reserve. Em um bowl, coloque o leite e a água filtrada. Adicione a cebola, deixe ficar de molho por 10 minutos na mistura e despeje em uma peneira até escorrer bem. Passe na farinha de trigo. Depois de empanada, coloque para fritar em óleo brando, até dourar. Deixe escorrer em papel toalha e sirva junto ao arroz carreteiro.

Rendimento: 8 porções

Tempo de preparo: 1 hora

Grau de dificuldade: médio

ARROZ COM LENTILHAS com cebolas caramelizadas e cordeiro

60 ml de azeite de oliva

20 g de alho picado

150 g de cebola cortada em cubos

400 g de filé mignon de cordeiro
cortado em cubos médios

sal refinado a gosto

1 pitada de pimenta-do-reino

20 g de salsinha picada

20 g de hortelã picada

Arroz branco

20 ml de óleo de soja

10 g de alho picado

70 g de cebola cortada em cubos

200 g de arroz branco

200 ml de água filtrada

sal refinado a gosto

Cebola caramelizada

30 ml de azeite de oliva

300 g de cebola cortada
em cubos médios

sal refinado a gosto

1 pitada de pimenta-do-reino

Lentilha

600 ml de água filtrada

280 g de lentilha

sal refinado a gosto

8 g de gengibre picado

8 g de pimenta dedo-de-moça sem
sementes picada

Carne: em uma panela, aqueça o azeite, doure o alho, adicione a cebola e deixe ficar transparente, junte a carne e sele. Tempere com sal e pimenta-do-reino. Deixe refogar até ficar macia. Reserve.

Arroz branco: em uma panela, aqueça o óleo, doure o alho, refogue a cebola, tempere com sal, acrescente o arroz e refogue. Adicione a água, acerte o sal e deixe cozinhar. **Lentilha:** cozinhe a lentilha na água fervente com sal, até ficar *al dente*. Escorra e reserve. Doure o alho no azeite aquecido, junte a cebola, refogue, adicione a lentilha já escorrida. Tempere com o sal, o gengibre e a pimenta-do-reino.

Cebola caramelizada: em uma panela, aqueça o azeite, adicione a cebola, mexendo aos poucos até caramelizar. Tempere com sal e pimenta dedo-de-moça. **Finalização:** em uma panela, junte o arroz soltinho, a lentilha já temperada e a cebola caramelizada. Finalize com salsinha e hortelã. Sirva.

Rendimento: 8 porções

Tempo de preparo: 60 minutos

Grau de dificuldade: médio

RISOTO de abóbora com carne-seca

Caldo de legumes

50 g de cebola

50 g de cenoura

50 g de alho-poró

50 g de salsão

1 litro de água filtrada

Pesto de salsinha

75 ml de azeite de oliva

10 g de folhas de manjericão

20 g de salsinha sem o talo

1 pitada de alho picadinho

10 g de castanha-de-caju

sal refinado a gosto

10 ml de suco de limão taiti

Risoto

30 ml de azeite de oliva

10 g de alho picado

80 g de cebola cortada em cubos

300 g de arroz arbóreo

sal refinado e pimenta-do-reino a gosto

160 ml de vinho branco seco

8 g de pimenta dedo-de-moça picada sem sementes

8 g de gengibre picado

100 g de abóbora japonesa cortada em cubos

40 g de manteiga de garrafa

120 g de carne-seca desfiada

100 g de parmesão ralado

salsinha picada a gosto

Caldo: corte em cubos a cebola, a cenoura, o alho-poró e o salsão. Acione a água e deixe ferver. **Pesto:** doure o alho no azeite, coloque no liquidificador o manjericão, a salsinha e a castanha. Tempere com sal e suco de limão. Bata tudo até ficar homogêneo. **Carne-seca:** coloque numa vasilha com água para dessalgar. Troque a água de hora em hora, durante 4 horas. Cozinhe na panela de pressão por 15 minutos. Troque a água e cozinhe por mais 15 minutos. Deixe esfriar. Limpe e desfie a carne. Descasque a abóbora e corte em cubos pequenos. Refogue o alho na manteiga de garrafa até dourar. Junte a cebola e refogue. Tempere com sal e pimenta. Acrescente a abóbora e mexa até ficar macia (se necessário, adicione um pouco de água). Finalize com a carne-seca, a salsinha e a pimenta dedo-de-moça. Acerte o sal. **Risoto:** doure no azeite o alho, adicione as cebolas. Junte o arroz e depois o vinho. Tempere com sal e pimenta-do-reino. Adicione, aos poucos, o caldo de legumes. Quando o arroz estiver *al dente*, junte o refogado de carne-seca, o parmesão ralado e o pesto. Ajuste o tempero. Finalize com a salsinha e sirva.

Rendimento: 8 porções

Tempo de preparo: 60 minutos

Grau de dificuldade: médio

ARROZ com galinha e pequi

1,2 kg de galinha inteira
60 ml de azeite de oliva
40 g de alho picado
200 g de cebola cortada em cubos
50 g de alho-poró picado
50 g de salsão picado
50 g de cenoura picada
2 limões taiti (suco e raspa)
1 limão-siciliano (suco e raspa)
1 limão-cravo (suco e raspa)
1 pitada de tomilho picadinho
1 pitada de manjericão picadinho
1 pitada de sálvia picadinha
1 pitada de alecrim picadinho
sal refinado a gosto
1 pitada de pimenta-do-reino
200 g de pasta de pequi
400 g de tomate cortado em cubos
salsinha picada a gosto
8 g de gengibre picado
8 g de pimenta dedo-de-moça
1 litro de caldo de legumes

Arroz
240 g de arroz parboilizado
10 ml de azeite de oliva
10 g de alho picado
50 g de cebola picada
80 g de cúrcuma

Corte a galinha, escalde com água quente e escorra. Em seguida, tempere com azeite, sal, pimenta-do-reino, pimenta dedo-de-moça, gengibre, raspa dos limões e metade da pasta de pequi. Reserve por 15 minutos. Em uma frigideira, doure a galinha no azeite aquecido. Reserve. Em uma panela, doure o alho no azeite aquecido, refogue a cebola, acrescente o alho-poró, o salsão e a cenoura. Junte a galinha já dourada, coloque o caldo de legumes, o restante da pasta de pequi, ajuste o tempero e deixe cozinhar 1 hora até a galinha ficar macia. Cozinhe o arroz e acrescente a cúrcuma para ficar amarelinho. Quando a galinha estiver pronta, desfie grosseiramente, deixando-a úmida com o caldo dela, misture aos poucos o arroz já pronto. Finalize com o tomate e a salsinha. Sirva.

Rendimento: 8 porções
Tempo de preparo: 90 minutos
Grau de dificuldade: médio

LENTILHA

30 ml de azeite de oliva
10 g de alho picado
80 g de cebola cortada em cubos
240 g de lentilha
80 g de cenoura cortada em cubos
80 g de abobrinha cortada em cubos
sal refinado a gosto
1 pitada de pimenta-do-reino
500 ml de água
salsinha picada a gosto

Ferva a água e reserve. Doure o alho no azeite, acrescente a cebola e refogue; logo depois coloque a cenoura, a abobrinha e a lentilha francesa. Tempere com sal e pimenta, adicione a água, cozinhe. Retire uma concha de lentilha e bata no liquidificador, volte com a lentilha batida para a panela (esse procedimento é realizado para engrossar o caldo da lentilha). Finalize com a salsinha e sirva.

Rendimento: 8 porções
Tempo de preparo: 30 minutos
Grau de dificuldade: fácil

FEIJÃO-vermelho

30 ml de azeite de oliva
10 g de alho picado
80 g de cebola cortada em cubos
240 g de feijão-vermelho
1 folha de louro
sal refinado a gosto
1 pitada de pimenta-do-reino
500 ml de água

Lave o feijão em água corrente e deixe-o de molho de véspera. No dia seguinte, troque a água e leve ao fogo para cozinhar com sal, pimenta-do-reino e a folha de louro. Doure o alho no azeite, junte a cebola, acrescente ao feijão, refogue por 5 minutos. Em seguida, retire uma concha de feijão e bata no liquidificador, volte com o feijão batido para a panela (esse procedimento é realizado para engrossar o caldo do feijão). Sirva a seguir.

Rendimento: 8 porções
Tempo de preparo: 1 hora
Grau de dificuldade: fácil

FEIJÃO-verde

30 ml de azeite de oliva
10 g de alho picado
80 g de cebola cortada em cubos
240 g de feijão-verde
500 ml de água
1 folha de louro
sal refinado a gosto
1 pitada de pimenta-do-reino
5 ml de manteiga de garrafa
250 g de tomate sem pele e sem
sementes cortado em cubos
salsinha picada a gosto

Debulhe o feijão e lave. Em uma panela com água, leve ao fogo para cozinhar com sal, pimenta-do-reino e uma folha de louro. Doure o alho no azeite, junte a cebola, acrescente ao feijão, refogue por 5 minutos. Em seguida, retire uma concha de feijão e bata no liquidificador, volte com o feijão batido para a panela (esse procedimento é realizado para engrossar o caldo do feijão). Finalize com a manteiga de garrafa, o tomate e a salsinha. Sirva a seguir.

Rendimento: 8 porções
Tempo de preparo: 1 hora
Grau de dificuldade: fácil

FEIJÃO-TROPEIRO de frutos do mar

120 g de feijão-de-corda
120 g de feijão-vermelho
120 g de feijão-verde
120 g de feijão-preto
40 g de alho picado
60 ml de azeite de oliva
100 g de cebola cortada em cubos
sal refinado a gosto
1 pitada de pimenta-do-reino
250 g de camarão limpo com rabo
2 limões taiti (raspas e suco)
250 g de polvo pré-cozido e em pedaços
250 g de lula baby fresca cortada em anéis
100 g de tomate em cubos e sem sementes
salsinha picada a gosto

Cozinhe os feijões separadamente em água e sal. Doure o alho no azeite, junte e refogue a cebola, tempere com sal e pimenta-do-reino, acrescente o camarão já marinado com sal, pimenta-do-reino, raspa e suco do limão, o polvo e, por último, a lula. Tempere novamente com sal e pimenta-do-reino. Junte os feijões cozidos, sem o caldo, aos frutos do mar. Acrescente então o tomate e a salsinha. Sirva.

Rendimento: 8 porções
Tempo de preparo: 1 hora
Grau de dificuldade: médio

FEIJÃO-BRANCO com linguiça calabresa

30 ml de azeite de oliva
10 g de alho picado
80 g de cebola cortada em cubos
240 g de feijão-branco
1 folha de louro
sal refinado a gosto
1 pitada de pimenta-do-reino
500 ml de água
40 g de linguiça calabresa
40 g de tomate sem pele e sem sementes
salsinha picada a gosto

Lave o feijão em água corrente e deixe-o de molho de véspera. No dia seguinte, troque a água e leve ao fogo para cozinhar com sal, pimenta-do-reino e uma folha de louro. Doure o alho no azeite, junte a cebola e refogue, acrescente a linguiça e o feijão, refogue por 5 minutos. Em seguida, retire uma concha de feijão e bata no liquidificador, volte com o feijão batido para a panela (esse procedimento é realizado para engrossar o caldo do feijão). Finalize com o tomate e a salsinha. Sirva a seguir.

Rendimento: 8 porções
Tempo de preparo: 1 hora
Grau de dificuldade: fácil

FEIJOADA completa

240 g de feijão-preto
500 ml de água
30 ml de azeite de oliva
35 g de bacon manta picado
10 g de alho picado
80 g de cebola cortada em cubos
10 g de alho-poró
10 g de salsão
30 g de pé suíno salgado
30 g de orelha suína salgada
30 g de rabo suíno salgado
sal refinado a gosto
1 pitada de pimenta-do-reino
150 g de carne-seca
80 g de costela suína fresca
80 g de lombo suíno dessalgado
50 g de linguiça calabresa
50 g de paio

Ferva as carnes e os pertences do porco (pé, orelha e rabo) em água para retirar o excesso de sal. Reserve. Retire a pele das linguiças e reserve. Selecione os feijões retirando as impurezas e grãos danificados. Coloque para cozinhar na água. Em outra panela, adicione o azeite e o bacon e refogue. Quando o bacon estiver levemente frito, doure o alho, acrescente a cebola e refogue. Tempere com parte do sal. Adicione o alho-poró e o salsão picado e refogue também. Tempere novamente com sal. Junte o refogado ao feijão em cozimento e misture. Acrescente os pertences do porco e as carnes para cozinhá-las e tingi-las, dando sabor ao feijão. Quando as carnes e os pertences estiverem cozidos, retire-os do feijão, corte da maneira padrão de cada carne e reserve. Acerte o sal se necessário. Sirva.

Rendimento: 8 porções

Tempo de preparo: 1 hora

Grau de dificuldade: médio

ACOMPANHA-
MENTOS

FAROFA de banana

400 g de farinha de mandioca
30 ml de azeite de oliva
100 g de cebola cortada em cubo
500 g de banana-nanica
sal refinado a gosto
1 pitada de pimenta-do-reino
salsinha picada a gosto

Refogue a farinha de mandioca com metade do azeite e mexa por alguns minutos. Reserve. Em outra panela, refogue a cebola no restante do azeite, coloque a banana em rodelas e junte à farofa. Tempere com sal e pimenta-do-reino. Finalize com a salsinha picada. Sirva a seguir.

Rendimento: 8 porções
Tempo de preparo: 20 minutos
Grau de dificuldade: fácil

FAROFA DE PÃO PRETO com maçã e castanha-do-pará

400 g de pão miga preto
30 ml de azeite de oliva
20 g de alho picado
100 g de cebola cortada em cubos
500 g de maçã verde cortada em cubos
sal refinado a gosto
1 pitada de pimenta-do-reino
50 g de castanha-do-pará picada
grosseiramente
salsinha picada a gosto

Em uma frigideira, doure o alho no azeite, junte a cebola, tempere com sal e pimenta-do-reino. Acrescente a maçã e refogue rapidamente. Adicione a farinha de pão e mexa por alguns minutos. Para finalizar, acerte o tempero e coloque a castanha-do-pará e a salsinha picada. Sirva a seguir.

Rendimento: 8 porções
Tempo de preparo: 20 minutos
Grau de dificuldade: fácil

FAROFA de milho

400 g de farinha de milho
30 ml de azeite de oliva
20 g de alho picado
100 g de cebola roxa cortada em cubos
100 g de abobrinha em tirinhas
80 g de cenoura em tirinhas
4 ovos caipiras
sal refinado a gosto
1 pitada de pimenta-do-reino
salsinha picada a gosto

Para a farofa, doure o alho no azeite, junte e refogue a cebola. Adicione a cenoura e, por último, acrescente a abobrinha, tempere com sal e pimenta-do-reino. Acrescente os ovos, a farinha de milho (já torrada), mexa bem, tempere com sal e pimenta-do-reino. Finalize com a salsinha. Sirva a seguir.

Rendimento: 8 porções
Tempo de preparo: 20 minutos
Grau de dificuldade: fácil

FAROFA de camarão

400 g de farinha de mandioca
100 ml de azeite de oliva
20 g de alho picado
100 g de cebola cortada em cubos
240 g de camarão médio com rabo
(sem cabeça e sem casca)
sal refinado a gosto
1 pitada de pimenta-do-reino
4 g de pimenta dedo-de-moça
picada sem sementes
1 limão-cravo (raspa e suco)
1 limão taiti (raspa e suco)
200 g de tomate em cubos
pequenos e sem sementes
salsinha picada a gosto

Torre a farinha na metade do azeite, reserve. Doure o alho no restante do azeite, junte e refogue a cebola, acrescente o camarão temperado com sal, pimenta-do-reino, pimenta dedo-de-moça, raspas e suco de limão. Junte o tomate concassé e finalize com a farinha torrada e salsinha. Sirva.

Rendimento: 8 porções
Tempo de preparo: 20 minutos
Grau de dificuldade: fácil

FAROFA DE FEIJÃO-VERDE com carne-seca

160 g de feijão-verde
500 ml de água
30 ml de azeite de oliva
20 g de alho picado
100 g de cebola roxa cortada em cubos
240 g de carne-seca desfiada
400 g de farinha de mandioca
100 g de tomate cortado em cubos
sal refinado a gosto
1 pitada de pimenta-do-reino
salsinha picada a gosto

Cozinhe o feijão-verde com água e sal. Dispense o caldo. Doure o alho e a cebola em azeite de oliva, adicione a carne-seca desfiada, o feijão, o gengibre e a pimenta dedo-de-moça. Salteie tudo e, por fim, acrescente a farinha de mandioca torrada. Tempere com sal, se necessário, pimenta-do-reino e salsinha. Sirva tudo quente.

Rendimento: 8 porções
Tempo de preparo: 20 minutos
Grau de dificuldade: fácil

FAROFA DE MILHO BRANCO com presunto cru e figo

400 g de farinha de milho branco
100 ml de azeite de oliva
15 g de alho picado
150 g de cebola cortada em cubos
200 g de presunto cru cortado em tiras
150 g de figo seco cortado em cubos
sal refinado a gosto
salsinha picada a gosto

Para a farofa, doure o alho no azeite, junte e refogue a cebola. Jurte o presunto e o figo. Acrescente a farinha de milho, mexa bem, tempere com sal e pimenta-do-reino. Finalize com a salsinha e sirva.

Rendimento: 8 porções

Tempo de preparo: 20 minutos

Grau de dificuldade: fácil

FAROFA de beiju

400 g de barcas de beiju
60 g de manteiga
80 g de queijo parmesão ralado
sal refinado a gosto
salsinha picada a gosto

Leve ao forno, a 180 graus, as barcas com a manteiga e o queijo parmesão e deixe até que o queijo parmesão fique dourado. Retire do forno e passe no processador até virar uma farofa e tempere com manteiga e sal. Sirva a seguir.

Rendimento: 8 porções
Tempo de preparo: 20 minutos
Grau de dificuldade: fácil

FRIGIDEIRA DE LEGUMES com aspargos, cebola roxa, abobrinha e cenoura

300 g de aspargos
cortados na diagonal
300 g de cebola roxa em lascas
300 g de cenoura em tiras
300 g de abobrinha italiana em tiras
30 ml de azeite de oliva
sal refinado a gosto
1 pitada de pimenta-do-reino
salsinha picada a gosto

Branqueie os aspargos em água fervente com sal. Em uma frigideira, salteie separadamente os legumes, com azeite aquecido. Tempere com sal e pimenta-do-reino. Finalize com a salsinha. Sirva

Rendimento: 8 porções
Tempo de preparo: 20 minutos
Grau de dificuldade: fácil

RATATOUILLE brasileiro

200 g de tomate
cortado em cubos
300 g de cebola roxa
cortada em cubos
200 g de chuchu
cortado em cubos
200 g de palmito
cortado em cubos
200 g de abóbora japonesa
cortada em cubos
30 ml de azeite de oliva
sal refinado a gosto
1 pitada de pimenta-do-reino
salsinha picada a gosto

Doure o alho no azeite, junte a cebola roxa, tempere com sal e pimenta-do-reino. Assim que estiverem *al dente*, adicione a abóbora, refogue por 3 minutos, acrescente então o chuchu, refogue, junte o palmito e, por último, o tomate. Verifique novamente o sal. Finalize com a salsinha. Sirva.

Rendimento: 8 porções
Tempo de preparo: 20 minutos
Grau de dificuldade: fácil

CREME de cenoura

30 ml de azeite de oliva
20 g de alho picado
100 g de cebola cortada em cubos
15 g de gengibre picado
1 kg de cenoura
sal refinado a gosto
1 pitada de pimenta-do-reino
1 litro de caldo de legumes
50 ml de mel
salsinha picada a gosto

Doure o alho no azeite, refogue a cebola e o gengibre. Adicione a cenoura cortada em cubos, tempere com sal e pimenta-do-reino. Em seguida, coloque o caldo de legumes e deixe cozinhar. Depois de cozida, bata no liquidificador, ajuste o tempero e acrescente o mel. Finalize com a salsinha. Sirva a seguir.

Rendimento: 8 porções
Tempo de preparo: 40 minutos
Grau de dificuldade: fácil

CREME DE ERVILHA com taioba

30 ml de azeite de oliva
20 g de alho picado
100 g de cebola cortada em cubos
1 kg de ervilha fresca
sal refinado a gosto
1 pitada de pimenta-do-reino
1 litro de caldo de legumes
15 g de hortelã

Doure o alho no azeite, refogue a cebola. Adicione a ervilha, tempere com sal e pimenta-do-reino, em seguida coloque o caldo de legumes e deixe cozinhar. Depois de cozida, bata no liquidificador com a hortelã. Ajuste o tempero. Sirva.

Rendimento: 8 porções
Tempo de preparo: 30 minutos
Grau de dificuldade: fácil

PURÊ de banana-da-terra

20 ml de azeite de oliva
10 unidades de bananas-da-terra
2 litros de água
150 ml de cachaça Busca Vida
20 g de gengibre picado
200 ml de mel
300 ml de caldo de legumes

Coloque a água em uma panela. Junte a banana com casca e leve ao fogo até que esteja cozida. Descasque e bata no processador com a cachaça, o gengibre, o mel e um pouco de caldo de legumes. Sirva a seguir.

Rendimento: 8 porções

Tempo de preparo: 30 minutos

Grau de dificuldade: fácil

SAINT-PIERRE com molho de alho-poró

1,2 kg de filé de saint-pierre
30 ml de azeite de oliva
sal refinado a gosto
1 pitada de pimenta-do-reino
8 g de pimenta dedo-de-moça
8 g de gengibre
2 limões taiti (suco e raspa)
1 limão-siciliano (suco e raspa)
1 limão-cravo (suco e raspa)
1 pitada de tomilho picadinho
1 pitada de manjericão picadinho
1 pitada de sálvia picadinha
1 pitada de alecrim picadinho

Molho do alho-poró
200 g de alho-poró cortado em tiras
30 ml de azeite de oliva
20 g de alho picado
80 g de cebola cortada em cubos
500 ml de creme de leite fresco
sal refinado a gosto
1 pitada de pimenta-do-reino
salsinha picada a gosto

Tempere o peixe com o sal, a pimenta-do-reino, a pimenta dedo-de-moça, o gengibre, os limões, as ervas e o azeite. Deixe marinar por 10 minutos. Em seguida, grelhe por 2 minutos de cada lado no azeite. Reserve. **Modo de preparo do molho de alho-poró:** doure o alho no azeite, refogue a cebola. Junte o alho-poró, tempere com sal e pimenta-do-reino e deixe murchar. Adicione o creme de leite fresco e ajuste o tempero. Finalize com a salsinha e sirva a seguir.

Rendimento: 8 porções

Tempo de preparo: 40 minutos

Grau de dificuldade: fácil

ROBALO com banana-ouro

1,2 kg de filé de robalo
30 ml de azeite de oliva
sal refinado a gosto
1 pitada de pimenta-do-reino
8 g de pimenta dedo-de-moça
8 g de gengibre
2 limões taiti (suco e raspa)
1 limão-siciliano (suco e raspa)
1 limão-cravo (suco e raspa)
5 g de salsinha picada
600 g de banana-ouro
1 pitada de tomilho picadinho
1 pitada de manjericão picadinho
1 pitada de sálvia picadinha
1 pitada de alecrim picadinho

Molho
160 g de manteiga
páprica a gosto
20 ml de azeite de oliva
30 g de cebola cortada em cubos
400 ml de creme de leite fresco
sal refinado a gosto
1 pitada de pimenta-do-reino
60 ml de vinho branco
80 g de uva-passa
30 g de amêndoas laminadas

Tempere o peixe com o sal, a pimenta-do-reino, a pimenta dedo-de-moça, o gengibre, os limões, as ervas e o azeite. Deixe marinar por 10 minutos. Em uma frigideira, doure o peixe dos dois lados com um fio de azeite aquecido. **Molho:** em um bowl, coloque a manteiga e leve em banho-maria, para clarificar, retirando apenas a espuma. Em uma panela, refogue a cebola no azeite aquecido, junte a páprica, adicione o vinho e espere evaporar. Tempere com sal e pimenta-do-reino, misture a manteiga clarificada e retire do fogo. Leve em banho-maria novamente por 5 minutos para misturar. Para finalizar, passe todo o molho em uma peneira. Coloque em um refratário, junte a uva-passa, a salsinha, o peixe e o amendoim para decorar. Sirva.

Rendimento: 8 porções
Tempo de preparo: 1 hora
Grau de dificuldade: médio

ROBALO NA BRASA com minilegumes

1,2 kg de filé de robalo
30 ml de azeite de oliva
sal refinado a gosto
1 pitada de pimenta-do-reino
8 g de pimenta dedo-de-moça
8 g de gengibre
2 limões taiti (suco e raspa)
1 limão-siciliano (suco e raspa)
1 limão-cravo (suco e raspa)
1 pitada de tomilho picadinho
1 pitada de manjericão picadinho
1 pitada de sálvia picadinha
1 pitada de alecrim picadinho

Legumes
120 g de aspargos
120 g de ervilha-torta
120 g de minicenoura
120 g de vagem
120 g de fava

Molho de limão
30 ml de azeite de oliva
80 g de cebola cortada em cubos
1/2 limão taiti (raspa e suco)
1/2 limão-siciliano (raspas)
1/2 limão-cravo (raspas)
sal refinado a gosto
1 pitada de pimenta-do-reino

Tempere o peixe com o sal, a pimenta-do-reino, a pimenta dedo-de-moça, o gengibre, os limões, as ervas e o azeite. Deixe marinar por 10 minutos. Em seguida, grelhe por 2 minutos de cada lado no azeite. Reserve. Branqueie os aspargos e as minicenouras (coloque água em uma panela e deixe ferver, adicione os legumes separadamente e logo após dê choque térmico em água gelada). Salteie os legumes separadamente em uma saltese. Tempere com sal e pimenta-do-reino. **Molho de limão:** em uma panela, refogue a cebola no azeite aquecido, acrescente o creme de leite e deixe ferver. Adicione as raspas e os sucos dos limões, tempere com sal e pimenta-do-reino. Sirva.

Rendimento: 8 porções

Tempo de preparo: 1 hora

Grau de dificuldade: fácil

COSTELA de tambaqui

800 g de costela de tambaqui
sal refinado a gosto
1 pitada de pimenta-do-reino
1 limão taiti (raspas e suco)
1 limão-siciliano (raspas e suco)
1 limão-cravo (raspas e suco)
1 pitada de tomilho picado
1 pitada de alecrim picado
1 pitada de manjericão picado
1 pitada de gengibre picado
1 pitada de pimenta
dedo-de-moça picada
150 ml de azeite
salsinha a gosto
Salada de banana
6 bananas-nanicas
50 g de castanha-de-caju ou
amêndoas laminadas
50 g de uvas-passas preta
6 g de gergelim preto
2 limões taiti (suco)
20 ml de azeite de oliva
salsinha picada a gosto

Limpe e porcione a costela de tambaqui. Tempere com sal, pimenta-do-reino, raspas e o suco dos limões, ervas, gengibre e pimenta dedo-de-moça. Deixe reservado por aproximadamente 30 minutos. Em uma frigideira, aqueça o azeite e passe a costela até cozer. **Salada de banana:** descasque e corte as bananas em cubos, regue-as com o suco do limão. Pique grosseiramente as castanhas, junte a uva-passa, gergelim preto, azeite, salsinha picada e misture. **Dica:** sirva com a salada de banana.

Rendimento: 8 porções

Tempo de preparo: 40 minutos

Grau de dificuldade: fácil

TUCUNARÉ com tucupi, jambu e sagu

1,2 kg de filé de tucunaré
30 ml de azeite de oliva
sal refinado a gosto
1 pitada de pimenta-do-reino
8 g de pimenta dedo-de-moça
8 g de gengibre
2 limões taiti (suco e raspa)
1 limão-siciliano (suco e raspa)
1 limão-cravo (suco e raspa)
1 pitada de tomilho picadinho
1 pitada de manjericão picadinho
1 pitada de sálvia picadinha
1 pitada de alecrim picadinho
120 g de jambu
100 g de sagu de tapioca
1 pitada de colorau
60 ml de vinho branco
500 ml de tucupi

Marine os filés de tucunaré com azeite, sal, pimenta-do-reino, pimenta dedo-de-moça, gengibre, raspas e sucos dos limões e as ervas. Deixe marinar por 15 minutos. Em uma frigideira, aqueça o azeite e doure os filés dos dois lados. Reserve. **Molho:** em uma panela, doure o alho no azeite aquecido, junte e refogue a cebola, tempere com o sal, a pimenta-do-reino e o colorau. Adicione o vinho branco e espere evaporar. Logo depois, coloque o tucupi e o sagu, deixe cozinhar até o sagu ficar aperolado. Finalize com as folhas do jambu. **Montagem:** em um refratário, coloque o molho e os filés de tucunaré com a pele para cima. Sirva.

Rendimento: 8 porções
Tempo de preparo: 20 minutos
Grau de dificuldade: fácil

LINGUADO EMPANADO com quinoa recheado com palmito pupunha

1,2 kg de filé de linguado
30 ml de azeite de oliva
1 pitada de pimenta-do-reino
8 g de pimenta dedo-de-moça sem sementes e picada
8 g de gengibre picado
5 g de manjericão picado
2 limões taiti (suco e raspa)
1 limão-siciliano (suco e raspa)
1 limão-cravo (suco e raspa)
100 g de pesto

Recheio

30 ml de azeite de oliva
20 g de alho picado
80 g de cebola cortada em cubos
200 g de palmito pupunha cortado em cubos
80 g de requeijão
500 ml de creme de leite fresco
120 ml de leite integral
40 g de pão de fôrma
sal refinado a gosto
1 pitada de pimenta-do-reino
salsinha picada a gosto

Quinoa

500 g de quinoa
1 pitada de pimenta-do-reino
1 limão taiti (raspa)
1/2 limão-siciliano (raspa)
1/2 limão-cravo (raspa)
salsinha picada a gosto
200 g de farinha de trigo
6 ovos

Marine o peixe com azeite, sal, pimenta-do-reino, pimenta dedo--de-moça, gengibre, as ervas, as raspas e sucos dos limões e o pesto. Reserve. **Recheio:** em uma panela, doure o alho no azeite aquecido, refogue a cebola, acrescente o palmito e deixe por 3 minutos. Adicione o requeijão, o creme de leite, o leite, o pão de fôrma triturado até virar uma massa. Tempere com sal e pimenta-do-reino. Finalize com salsinha e deixe esfriar. **Preparo da quinoa:** cozinhe a quinoa *al dente*, tempere com sal e pimenta-do-reino, pimenta dedo-de-moça, gengibre, raspas dos limões e salsinha. Em um bowl, misture os ovos e tempere com sal. **Montagem:** em uma assadeira, arrume os filés de peixe já temperados. No meio de cada filé, coloque uma colher de sopa do recheio e enrole em formato de rocambole. Passe o peixe já enrolado na farinha de trigo, em seguida no ovo e na mistura de quinoa já temperada. Modele com a mão. Em uma panela, coloque o óleo, espere aquecer para fritar o peixe empanado. Em uma assadeira, coloque o peixe frito, para ser finalizado no forno aquecido a 150 graus, por 10 minutos. Sirva. **Dica:** sirva com molho de laranja.

Rendimento: 8 porções

Tempo de preparo: 30 minutos

Grau de dificuldade: médio

ATUM EMPANADO com sementes e grãos com molho de tamarindo

1 kg de atum fresco em cubos pequenos
10 g de gengibre picado
20 g de raiz de capim-santo picado
4 g de pimenta dedo-de-moça picada sem sementes
3 limões-cravo (raspas)
salsinha picada a gosto
20 g de alho picado
30 ml de azeite
50 g de cebola picada
50 g de geleia de uvaia
10 g de semente de girassol
10 g de semente de abóbora
10 g de gergelim branco
20 g de gergelim preto
20 g de linhaça
30 g de quinoa vermelha (cozida *al dente*)
sal e pimenta-do-reino a gosto

Acompanhamento
200 g de nirá
5 ml de azeite
sal e pimenta-do-reino a gosto

Molho
100 g de tamarindo
30 g de açúcar
200 ml de água

Tempere o atum com gengibre, raiz de capim-santo, pimenta dedo-de-moça, raspas do limão, salsinha, sal e pimenta-do-reino. Reserve. Doure o alho em um pouco de azeite, junte a cebola, acrescente ao atum, tempere com sal, pimenta-do-reino e a geleia de uvaia. Modele o atum no formato de um hambúrguer, empane com as sementes e os grãos. Grelhe no azeite restante em uma frigideira antiaderente, 1 minuto de cada lado, e leve ao forno por 5 minutos a 180 graus. Cozinhe o nirá em água fervente e sal por 3 minutos, escorra, salteie no azeite. Para o molho, descasque o tamarindo e o cozinhe submerso na água com o açúcar até reduzir. Sirva o nirá como berço do prato, o atum sobre o nirá e o molho no centro da travessa, para decorar.

Rendimento: 8 porções

Tempo de preparo: 45 minutos

Grau de dificuldade: médio

MOQUECA de peixe

1,6 kg de peixe
sal refinado a gosto
1 pitada de pimenta-do-reino
8 g de pimenta dedo-de-moça
picada sem sementes
1 limão taiti (raspa e suco)
1 limão-siciliano (raspas)
1 limão-cravo (raspas)
30 g de alho picado
60 ml de azeite de oliva
200 g de cebola cortada em cubos
100 g de pimentão vermelho em cubos
100 g de pimentão amarelo em cubos
300 ml de leite de coco
300 g de tomate em cubos
40 ml de azeite de dendê
salsinha picada a gosto

Tempere o peixe com sal, pimenta-do-reino, pimenta dedo-de-moça, raspas dos limões e o suco do limão taiti. Doure o alho no azeite, junte a cebola, os pimentões e refogue. Acrescente a arraia, o leite de coco e deixe cozinhar por 10 minutos. Junte o tomate e deixe cozinhar por mais 5 minutos. Adicione o azeite de dendê e finalize com a salsinha. Sirva.

Rendimento: 8 porções
Tempo de preparo: 30 minutos
Grau de dificuldade: médio

ROBALO com crosta de capim-santo

2 kg de filé de robalo limpo
200 ml de azeite
sal e pimenta-do-reino a gosto
4 g de pimenta dedo-de-moça picada sem sementes
20 g de gengibre picado
200 g de salsinha picada
1 limão-cravo (raspas e suco)
4 pães de capim-santo
10 g de alho picado
60 g de cebola picada
50 g de manjericão picado

Tempere os filés de robalo com metade do azeite, sal, pimenta-do-reino, pimenta dedo-de-moça, gengibre, um pouco de salsinha, raspas e suco de limão. Deixe marinar por 5 minutos. Para a crosta, bata o pão de capim-santo no liquidificador até virar uma farinha. Doure o alho no restante do azeite, junte a cebola e refogue, tempere com sal e pimenta-do-reino. Acrescente a farinha de pão, o manjericão e a salsinha restante. Cubra o filé de peixe com esta crosta, envolva no papel-alumínio e leve ao forno a 200 graus por 20 minutos. Sirva a seguir. **Dica:** caso você não tenha o pão de capim-santo você pode substituir por pão de fôrma. A receita do Pão de Capim-Santo você encontra no livro *Capim Santo — Receitas para receber amigos.*

Rendimento: 8 porções
Tempo de preparo: 40 minutos
Grau de dificuldade: médio

PARGO marinado na beterraba

1,2 kg de filé de pargo
30 ml de azeite de oliva
sal refinado a gosto
1 pitada de pimenta-do-reino
8 g de pimenta dedo-de-moça
picada sem sementes
8 g de gengibre
2 limões taiti (raspa e suco)
1/2 limão-siciliano (raspas)
1/2 limão-cravo (raspas)
1 pitada de tomilho picadinho
1 pitada de manjericão picadinho
1 pitada de sálvia picadinha
1 pitada de alecrim picadinho
250 g de beterraba
500 ml de água
Cama de espinafre
1 maço de espinafre

Em um bowl, marine os filés de pargo com azeite, sal, pimenta-do--reino, gengibre, pimenta dedo-de-moça, raspa e suco dos limões e ervas. Reserve. Lave as beterrabas, corte em quatro pedaços e bata com água e um pouco de sal. Peneire o líquido e despeje em cima do peixe. Deixe marinar por 10 minutos, até que fique com a cor da beterraba. Em uma assadeira, coloque os peixes e regue com bastante azeite. Leve ao forno a 170 graus por 10 minutcs. Sirva sobre uma cama de espinafre.

Rendimento: 8 porções

Tempo de preparo: 30 minutos

Grau de dificuldade: médio

BACALHAU em natas

800 g de bacalhau em lascas
20 ml de azeite de oliva
20 g de alho picado
80 g de cebola cortada em cubos
1 limão taiti (suco e raspa)
1 limão-siciliano (suco e raspa)
1 limão-cravo (suco e raspa)
1 pitada de tomilho picadinho
1 pitada de manjericão picadinho
1 pitada de sálvia picadinha
1 pitada de alecrim picadinho
sal e pimenta-do-reino a gosto
5 g de pimenta dedo-de-moça
sem sementes picada
5 g de gengibre picados

Molho

30 ml de azeite de oliva
15 g de alho picado
100 g de cebola cortada em cubos
200 g de alho-poró cortado em tirinhas
500 ml de leite integral
1 litro de creme de leite fresco
80 g de catupiry
250 g de batata
150 g de parmesão ralado
10 g de salsinha picada
10 g de polvilho

Decoração

10 ml de azeite
200 g de alho-poró cortado em rodelas
200 g de palha de mandioquinha (a mesma receita do chips)

Dessalgue o bacalhau e desfie em pequenos pedaços, tempere com raspas e suco dos limões, ervas, pimenta dedo-de-moça, gengibre e pimenta-do-reino. Reserve. Numa panela, doure o alho no azeite, junte a cebola e deixe até ficar transparente. Na mesma panela, coloque o leite integral e o creme de leite fresco e mexa até levantar fervura, adicione o catupiry e o bacalhau já temperado, deixe reduzir o creme pela metade e verifique o sal e a pimenta. Reserve. Em outra panela, cozinhe a batata inteira com casca. Depois da batata já cozida, tire a casca e rale. Reserve.

Montagem:

Em um refratário, coloque o bacalhau, a batata ralada e o queijo parmesão ralado. Leve ao forno para gratinar. Finalize com a salsinha e sirva. **Para decorar:** em uma panela, refogue o alho-poró no azeite aquecido. Depois do bacalhau gratinado, decore com o alho-poró e a palha de mandioquinha.

Rendimento: 8 porções

Tempo de preparo: 45 minutos

Grau de dificuldade: médio

BACALHAU com banana-da-terra

500 g de bacalhau em lasca
1 limão taiti (raspa e suco)
1 limão-siciliano (raspas)
1 limão-cravo (raspas)
1 pitada de tomilho picadinho
1 pitada de manjericão picadinho
1 pitada de sálvia picadinha
1 pitada de alecrim picadinho
8 g de pimenta dedo-de-moça
picada sem sementes
8 g de gengibre picado
50 ml de azeite de oliva
20 g de alho picado
80 g de cebola cortada em cubos
1 ovo de codorna cozido cortado ao meio
160 g de pimentão vermelho sem
pele cortado em cubos
160 g de banana-da-terra cortada em rodelas
160 g de azeitona preta sem caroço
sal refinado a gosto
1 pitada de pimenta-do-reino
salsinha picada a gosto
Pesto de salsinha
75 ml de azeite de oliva
10 g de folhas de manjericão
20 g de salsinha sem o talo
1 g de alho picadinho
10 g de castanha-de-caju
sal refinado a gosto
1/2 limão taiti (suco)

Em um bowl, tempere as lascas do bacalhau com as raspas dos limões, as ervas, a pimenta dedo-de-moça, o gengibre e o pesto. Em uma frigideira, doure o alho, refogue a cebola e junte ao bacalhau. Em uma panela, frite a banana em um pouco de azeite. Junte a banana, as azeitonas, o pimentão e ovo de codorna. Em um refratário, coloque uma camada da mistura de banana com as azeitonas, pimentões e os ovos e outra camada de lascas do bacalhau e mais uma da mistura. Regue com o restante do azeite e leve ao forno aquecido a 150 graus, por 10 minutos. **Modo de preparo do pesto:** doure o alho no azeite, coloque no liquidificador para processar o manjericão, a salsinha e a castanha. Tempere com o sal e o suco de limão. Bata tudo até ficar homogêneo. Depois que tirar o bacalhau do forno, finalize com a salsinha e sirva a seguir.

Rendimento: 8 porções

Tempo de preparo: 30 minutos

Grau de dificuldade: médio

CAMARÃO ENSOPADO com palmito pupunha e tapioca

1,2 kg de camarão limpo

30 ml de azeite de oliva

20 g de alho picado

100 g de cebola cortada em cubos

sal refinado a gosto

1 pitada de pimenta-do-reino

8 g de pimenta dedo-de-moça
picada sem sementes

8 g de gengibre

1 limão taiti (raspa e suco)

1 limão-siciliano (raspas)

1 limão-cravo (raspas)

500 ml de leite de coco

250 g de tapioca granulada (xerém)

5 g de manjericão picadinho

120 g de castanha-do-pará cortada em lâminas

Purê de palmito

10 ml de azeite de oliva

10 g de alho picado

50 g de cebola cortada em cubos

250 g de palmito pupunha

500 ml de caldo de legumes

Caldo de legumes

50 g de cebola

50 g de cenoura

50 g de alho-poró

50 g de salsão

1 litro de água filtrada

Tempere o camarão com gengibre, pimenta dedo-de-moça, raspas e suco dos limões, manjericão e sal. Reserve. Em uma panela, doure o alho em metade do azeite, acrescente e refogue a metade da cebola e tempere com sal e pimenta-do-reino. Junte o palmito pupunha, acrescente o caldo de legumes e cozinhe até o palmito amolecer. Bata no liquidificador; se necessário, adicione um pouco de leite. Reserve. Umedeça o xerém de tapioca com o restante do leite. Reserve. Doure o restante do alho na outra metade do azeite, junte e refogue a cebola restante e junte os camarões. Adicione o creme de palmito, o xerém de tapioca umedecido e cozinhe por alguns minutos. **Modo de preparo do caldo:** corte em cubos a cebola, a cenoura, o alho-poró e o salsão. Adicione a água e deixe ferver. Finalize com a castanha-do-pará e a salsinha. Acerte o sal e a pimenta-do-reino. Sirva a seguir.

Rendimento: 8 porções

Tempo de preparo: 30 minutos

Grau de dificuldade: médio

GRELHA de frutos do mar

300 g de camarão cinza limpo com rabo
300 g de lula baby limpa
8 caudas miúdas de lagosta (reserve a cauda)
800 g de lagostine
300 g de tentáculos de polvo cozido
50 ml de azeite
10 g de alho picado
150 g de cebola roxa cortada em 4 partes
150 g de tomate-cereja cortado ao meio
sal e pimenta-do-reino a gosto
salsinha picada a gosto
pimenta dedo-de-moça e gengibre picados a gosto
2 limões taiti (suco e raspa)
1 limão-siciliano (suco e raspa)
1 limão-cravo (suco e raspa)

Pesto de salsinha
75 ml de azeite de oliva
10 g de folhas de manjericão
20 g de salsinha sem o talo
1 g de alho picadinho
10 g de castanha-de-caju
sal refinado a gosto
1/2 limão taiti (suco)

Marine os frutos do mar separadamente com sal, pimenta-do-reino, gengibre, pimenta dedo-de-moça, raspas e suco de limão. Em uma frigideira, aqueça o azeite, doure o alho, refogue a cebola roxa, tempere com sal e pimenta-do-reino, junte a lagosta, os camarões, a lula cortada em anéis e o polvo, acerte o tempero, acrescente o tomate-cereja e refogue. Monte na grelha, finalize com a salsinha. Sirva a seguir. **Modo de preparo do pesto:** doure o alho no azeite, coloque no liquidificador para processar o manjericão, a salsinha e a castanha. Tempere com o sal e o suco de limão. Bata tudo até ficar homogêneo.

Rendimento: 8 porções
Tempo de preparo: 45 minutos
Grau de dificuldade: fácil

CRUMBLE de frango cremoso

Marinar o frango

1 kg de peito de frango
sal refinado a gosto
1 pitada de pimenta-do-reino
60 ml de vinho branco
8 g de pimenta dedo-de-moça
picada sem sementes
8 g de gengibre
1 pitada de tomilho picadinho
1 pitada de manjericão picadinho
1 pitada de sálvia picadinha
1 pitada de alecrim picadinho
1 limão taiti (suco e raspa)
1 limão-siciliano (suco e raspa)
1 limão-cravo (suco e raspa)
1 litro de caldo de legumes

Molho branco

20 ml de azeite de oliva
40 g de manteiga de garrafa
30 g de alho picado
150 g de cebola picada
60 g de farinha de trigo
500 ml de leite integral
160 g de catupiry

Farofa crocante

400 g de farinha de trigo
100 g de parmesão ralado
100 g de manteiga
100 g de pesto

Marine o frango de um dia para o outro com sal, pimenta-do-reino, vinho branco, pimenta dedo-de-moça, gengibre, raspa e suco dos limões e ervas. Reserve. Em uma panela, aqueça o azeite, doure o alho e refogue a cebola, acrescente a manteiga e a farinha de trigo mexendo sem parar. Adicione o leite, mexendo vigorosamente, até incorporar por completo. Junte o catupiry, acerte o sal e a pimenta-do-reino e deixe engrossar. Cozinhe o frango no caldo de legumes e desfie. Para o crumble, misture a manteiga em temperatura ambiente com a farinha de trigo, o parmesão e o pesto, acerte o sal e a pimenta-do-reino. Em uma panela apropriada, coloque o molho, o frango desfiado e o crumble. Leve ao forno até dourar levemente a crosta. Finalize com salsinha. Sirva.

Rendimento: 8 porções

Tempo de preparo: 1 hora e 30 minutos

Grau de dificuldade: médio

FRANGO envolto em crepe de mandioquinha

1 kg de peito de frango
20 ml de azeite de oliva
sal refinado a gosto
1 pitada de pimenta-do-reino
8 g de pimenta dedo-de-moça
picada sem sementes
8 g de gengibre
1 pitada de tomilho picadinho
1 pitada de manjericão picadinho
1 pitada de sálvia picadinha
1 pitada de alecrim picadinho
1 limão taiti (suco e raspa)
1 limão-siciliano (suco e raspa)
1 limão-cravo (suco e raspa)
50 ml de vinho branco

Crepe de mandioquinha

1 kg de mandioquinha
20 ml de azeite de oliva
20 g de alho picado
100 g de cebola picada
300 g de parmesão
sal refinado a gosto
1 pitada de pimenta-do-reino
320 g de queijo Serra da Canastra
100 g de farinha de trigo
100 ml de azeite de oliva (para fritar)

Abra os peitos, tempere-os com sal, pimenta-do-reino, vinho branco, pimenta dedo-de-moça, gengibre, raspa e suco dos limões e ervas. Reserve. Lave e rale a mandioquinha, acrescente o parmesão, sal e pimenta-do-reino. Em uma panela, doure o alho e refogue a cebola, junte o refogado à mandioquinha. Coloque essa mistura em uma assadeira e leve ao forno aquecido a 150 graus por 15 minutos. Corte o queijo Serra da Canastra em palitos grossos, envolva o frango no queijo, passe na farinha de trigo e frite no azeite até dourar. Em uma assadeira, coloque o frango já frito, e leve ao forno a 150 graus, por 10 minutos. Depois do frango pronto, corte-o em partes iguais, envolva a massa da mandioquinha em forma de bolinhos e leve ao forno novamente por 10 minutos, a 180 graus, até que fique dourado. Sirva.

Rendimento: 8 porções

Tempo de preparo: 40 minutos

Grau de dificuldade: médio

FRANGO ENSOPADO com milho verde e catupiry

1,2 kg de frango inteiro
50 ml de azeite de oliva
20 g de alho picado
100 g de cebola cortada em cubos
sal refinado a gosto
1 pitada de pimenta-do-reino
8 g de pimenta dedo-de-moça
picada sem sementes
8 g de gengibre
1 pitada de tomilho picadinho
1 pitada de manjericão picadinho
1 pitada de sálvia picadinha
1 pitada de alecrim picadinho
1 limão taiti (suco e raspa)
1 limão-siciliano (suco e raspa)
1 limão-cravo (suco e raspa)
1 kg de milho fresco
200 g de catupiry
500 ml de leite integral
20 ml de mel
salsinha picada a gosto

Corte o frango em pedaços e lave com água quente. Tempero com azeite, sal, pimenta-do-reino, pimenta dedo-de-moça, gengibre, as ervas, as raspas e sucos dos limões. Em uma panela, cozinhe as espigas de milho com sal por 5 minutos, escorra e retire os milhos, bata no liquidificador com leite e passe em uma peneira. Em uma panela, doure o alho no azeite aquecido, refogue a cebola, acrescente o milho batido e deixe cozinhar por 10 minutos, em fogo baixo, tempere com sal e pimenta-do-reino e mel. Finalize com o catupiry e a salsinha. Em uma frigideira, aqueça o azeite e coloque o frango e doure os pedaços. Em uma assadeira, coloque o frango a 150 graus por 10 minutos para que termine o cozimento. Logo depois, em uma panela, junte o frango ao molho. Leve ao fogo até ferver. Finalize com salsinha e sirva.

Rendimento: 8 porções

Tempo de preparo: 50 minutos

Grau de dificuldade: médio

XINXIM de galinha

1,2 kg de frango inteiro
30 ml de azeite de oliva
sal refinado e pimenta-do-reino a gosto
20 g de alho picado
100 g de cebola cortada em cubos
200 g de tomate maduro sem pele e sem sementes
80 g de camarão seco
100 g de amendoim picado
100 g de castanha-de-caju picada
20 ml de azeite de dendê
1 litro de leite de coco
1 ramo de tomilho picadinho
1 ramo de manjericão picadinho
1 ramo de sálvia picadinha
1 ramo de alecrim picadinho
1 limão taiti (suco e raspa)
1 limão-siciliano (suco e raspa)
1 limão-cravo (suco e raspa)
salsinha picada a gosto
Farofa de pipoca
300 g de milho de pipoca
100 ml de manteiga de garrafa

Corte o frango em pedaços e lave com água quente. Tempere com azeite, sal, pimenta-do-reino, pimenta dedo-de-moça, gengibre, as ervas e as raspas dos limões. Reserve. Limpe o camarão, tirando a cabeça e lave com água morna para retirar o sal. Em uma panela, doure o alho no azeite aquecido, refogue a cebola e sele o frango no azeite aquecido até dourar. Adicione o camarão seco, o amendoim, a castanha, o leite de coco e o azeite de dendê. Deixe cozinhar até que o frango fique macio. Ajuste o tempero e finalize com a salsinha e os tomates em cubos. **Pipoca:** faça a pipoca, depois processe com o sal e a manteiga de garrafa.

Rendimento: 8 porções
Tempo de preparo: 1 hora
Grau de dificuldade: médio

FRANGO COM CURRY vermelho e amendoim

1,2 kg de filé de frango

30 ml de azeite de oliva

20 g de alho picado

100 g de cebola cortada em cubos

250 g de cebola roxa cortada
em cubos grandes

sal refinado a gosto

1 pitada de pimenta-do-reino

8 g de pimenta dedo-de-moça
picada sem sementes

8 g de gengibre

1 pitada de tomilho picadinho

1 pitada de manjericão picadinho

1 pitada de sálvia picadinha

1 pitada de alecrim picadinho

50 g de raiz de capim-santo picada

1 limão taiti (raspa)

1 limão-siciliano (raspa)

1 limão-cravo (raspa)

300 g de berinjela cortada em cubos

200 g de vagem holandesa cortada na diagonal

50 ml de extrato de tomate

30 g de curry vermelho

1 litro de leite de coco

50 ml de mel

salsinha picada a gosto

30 g de amendoim

Corte os filés em cubos e escalde em água fervente. Tempere com sal, pimenta-do-reino, pimenta dedo-de-moça, gengibre, as ervas e as raspas dos limões. Reserve por 10 minutos. Em uma panela, doure o alho no azeite aquecido, refogue a cebola, acrescente a metade da berinjela, o curry, o leite de coco, o extrato de tomate e o mel. Tempere com sal e pimenta-do-reino. Branqueie a vagem em água fervente e salteie em uma frigideira no azeite aquecido, junte o restante da berinjela e a cebola roxa, tempere com sal e pimenta-do-reino. Junte o frango ao molho e deixe cozinhar por 5 minutos. Desligue o fogo e acrescente os legumes branqueados e finalize com a salsinha e o amendoim. Sirva.

Rendimento: 8 porções

Tempo de preparo: 50 minutos

Grau de dificuldade: médio

CARNE-SECA com abóbora na moranga

800 g de carne-seca desfiada
50 g de manteiga de garrafa
20 g de alho picado
160 g de cebola em tiras
sal refinado a gosto
200 g de abóbora japonesa cortada em cubos
1 pitada de pimenta-do-reino
salsinha picada a gosto
1 unidade de moranga

Em uma panela, doure o alho na manteiga de garrafa, refogue a cebola, tempere com sal e pimenta-do-reino. Coloque a abóbora, ajuste o tempero, deixe refogar, junte a carne-seca desfiada e finalize com a salsinha. Limpe a moranga e coloque a carne-seca já preparada. Sirva a seguir.

Rendimento: 8 porções
Tempo de preparo: 30 minutos
Grau de dificuldade: fácil

MEDALHÃO com queijo coalho

1,2 kg de filé mignon (medalhão de 150 g)
30 ml de azeite de oliva
sal refinado a gosto
1 pitada de pimenta-do-reino
100 g de queijo coalho

Tempere os medalhões com sal e pimenta-do-reino. Coloque o azeite numa frigideira e leve ao fogo alto para esquentar. Quando estiver bem quente, acrescente os medalhões e deixe grelhar por 2 minutos de cada lado. Retire da frigideira e reserve. Termine o cozimento no forno, na hora de servir, por mais 5 minutos. Corte o queijo coalho em oito fatias médias. Em uma frigideira, coloque um fio de azeite e grelhe o queijo de ambos os lados. Sirva os medalhões com uma fatia de queijo coalho por cima.

Rendimento: 8 porções
Tempo de preparo: 30 minutos
Grau de dificuldade: fácil

RABADA com agrião e mandioca

100 ml de azeite de oliva
30 g de alho picado
300 g de cebola cortada em cubos
140 g de cenoura em cubos pequenos
100 g de salsão em cubos pequenos
70 g de alho-poró
200 g de pimentão vermelho
200 g de pimentão amarelo
2,5 kg de rabo de boi
300 ml de vinho tinto
80 ml de melado
100 ml de shoyo
200 g de molho de tomate
1,5 litro de caldo de legumes
sal e pimenta-do-reino a gosto
400 g de mandioca cozida cortada em toletes
400 g de tomate picado e sem sementes
1 maço de agrião
salsinha picada a gosto

Escalde o rabo de boi em água fervente com sal. Reserve. Retire o excesso de gordura. Em uma panela, doure o alho no azeite, junte e refogue a cebola, acrescente a cenoura, o salsão, o alho-poró, os pimentões e tempere com sal e pimenta-do-reino. Adicione o rabo, o vinho, o melado, o shoyo, o molho de tomate e caldo de legumes. Deixe cozinhar até que fique bem macio; se necessário, acrescente um pouco de água para finalizar o cozimento. Tempere novamente com sal e pimenta-do-reino, acrescente o tomate, a mandioca cozida e a salsinha. Sirva com o agrião.

Rendimento: 8 porções

Tempo de preparo: 30 minutos

Grau de dificuldade: fácil

OSSOBUCO de vitela

1,2 kg de ossobuco de vitela
sal refinado a gosto
1 pitada de pimenta-do-reino
8 g de pimenta dedo-de-moça sem semente picada
8 g de gengibre
1 pitada de tomilho picadinho
1 pitada de manjericão picadinho
1 pitada de sálvia picadinha
1 pitada de alecrim picadinho
60 ml de shoyo
40 ml de molho inglês
200 ml de vinho tinto
30 ml de azeite de oliva
30 g de alho picado
100 g de cebola cortada em cubos
150 g de alho-poró
150 g de salsão
150 g de cenoura
100 g de creme de cebola
500 ml de caldo de legumes
salsinha picada a gosto

Em um bowl, coloque os ossobucos, tempere com sal, pimenta--do-reino, pimenta dedo-de-moça, gengibre, ervas, shoyo, molho inglês e vinho tinto. Reserve. Em uma panela, doure o alho no azeite aquecido, junte e refogue a cebola, o alho-poró, o salsão e a cenoura, acrescente o creme de cebola e o caldo de legumes. Em uma frigideira, aqueça um fio de azeite e sele o ossobuco até dourar. Adicione o caldo da marinada do ossobuco e o caldo com creme de cebola na panela e deixe cozinhar por 30 minutos. Corrija os temperos, finalize com a salsinha e sirva.

Rendimento: 8 porções
Tempo de preparo: 50 minutos
Grau de dificuldade: médio

CARNE de panela

1,2 kg de alcatra cortada em cubos
30 ml de azeite de oliva
20 g de alho picado
100 g de cebola cortada em cubos
100 g de salsão picado
200 g de cenoura picada
sal refinado a gosto
1 pitada de pimenta-do-reino
500 ml de caldo de legumes
300 g de cebola pérola (cebolinha)
100 g de abóbora japonesa cortada em bastonetes
200 g de chuchu cortado em bastonetes
salsinha picada a gosto

Molho roti

200 g de osso bovino
10 ml de azeite de oliva
20 g de cebola cortada em cubos
20 g de salsão picado
20 g de cenoura picada
20 g de alho-poró picado
100 ml de vinho tinto
500 ml de água filtrada
8 g de tomilho picadinho
8 g de sálvia picadinha
8 g de alecrim picadinho
50 ml de shoyu
20 ml de molho inglês
20 g de polvilho doce
5 g de creme de cebola
15 g de melado de cana

Molho roti: em uma assadeira, coloque o osso bovino. Leve ao forno a 150 graus até ficar bem dourado. Reserve. Em uma panela, aqueça o azeite, doure a cebola, junte a cenoura, o salsão e o alho-poró, mexendo aos poucos até ficar bem dourado. Coloque o vinho e deixe evaporar, junte os ossos já assados e a água e deixe reduzir em fogo baixo. Adicione as ervas, o shoyu, o molho inglês, o polvilho e o creme de cebola, o melado de cana. Quando virar um molho espesso, retire do fogo, coe com uma peneira e reserve. **Carne:** em uma panela, aqueça o azeite, doure o alho, junte a cebola e refogue, adicione a cenoura e o salsão, coloque a alcatra. Tempere com sal, pimenta-do-reino e o creme de cebola. Adicione o caldo de legumes e o molho roti. Cozinhe até a carne ficar macia. **Legumes:** torneie em bastonetes os legumes (chuchu e a abóbora), cozinhe em água fervente até ficar *al dente*. Em uma panela com azeite aquecido, salteie os legumes. Reserve. Descasque a cebolinha inteira. Salteie em azeite aquecido. Reserve. Junte os legumes com a carne já cozida, finalize com a salsinha. Sirva a seguir.

Rendimento: 8 porções

Tempo de preparo: 90 minutos

Grau de dificuldade: médio

BARREADO do Santinho

1 kg de alcatra
100 g de bacon
50 ml de azeite de oliva
30 g de alho picado
100 g de cebola cortada em cubos
1 pitada de pimenta-do-reino
1 pitada de cominho
8 g de pimenta dedo-de-moça
8 g de gengibre
90 ml de shoyo
30 ml de molho inglês
1 pitada de tomilho picadinho
1 pitada de alecrim picadinho
2 folhas de louro
150 g de salsão
150 g de alho-poró
200 g de cenoura
250 g de tomate
100 g de creme de cebola
100 g de extrato de tomate
sal refinado a gosto
1 litro de caldo de legumes
salsinha picada a gosto

Divida a carne ao meio e tempere com azeite, sal, pimenta-do--reino, cominho, pimenta dedo-de-moça, gengibre e as ervas. Reserve por 10 minutos. Em uma frigideira, doure a carne no azeite aquecido. Em uma panela, doure o alho no azeite aquecido, junte e refogue a cebola, o bacon cortado em cubos, acrescente o salsão, o alho-poró, a cenoura e refogue bem. Adicione a carne e o restante dos ingredientes e o caldo de legumes. Deixe cozinhar até que a carne desmanche. Ajuste o tempero, retire a carne da panela e peneire esse molho, depois junte o molho na carne desfiada grosseiramente. Finalize com a salsinha e sirva.

Rendimento: 8 porções
Tempo de preparo: 40 minutos
Grau de dificuldade: médio

CARRÉ DE JAVALI com banana-da-terra e couve

1,2 kg de carré de javali
sal refinado a gosto
30 ml de azeite de oliva
1 pitada de pimenta-do-reino
8 g de pimenta dedo-de-moça
8 g de gengibre
1 pitada de tomilho picadinho
1 pitada de manjericão picadinho
1 pitada de sálvia picadinha
1 pitada de alecrim picadinho
250 g de banana-da-terra em cubos
250 g de couve-de-bruxelas

Tempere o carré com sal, pimenta-do-reino, pimenta dedo-de--moça, gengibre e as ervas. Reserve. Cozinhe a banana com água. Reserve. Branqueie a couve-de-bruxelas. Tempere com sal e pimenta-do-reino. Grelhe o carré dos dois lados. Sirva com a banana e a couve-de-bruxelas.

Rendimento: 8 porções

Tempo de preparo: 30 minutos

Grau de dificuldade: médio

PICADINHO DE LEITOA com molho de pimentas

1,2 kg de mignon de leitoa
30 ml de azeite de oliva
20 g de alho
100 g de cebola cortada em cubos
1 pitada de tomilho picadinho
1 pitada de manjericão picadinho
1 pitada de sálvia picadinha
1 pitada de alecrim picadinho
sal refinado a gosto
1 pitada de pimenta-do-reino
1 pitada de gengibre
2 g de pimenta-rosa a gosto
8 g de pimenta dedo-de-moça sem sementes picada
4 g de pimenta-verde em conserva picada
100 ml de creme de leite fresco
salsinha picada a gosto
10 ml de melado

Em um bowl, coloque o mignon cortado em cubos pequenos, tempere com sal e pimenta-do-reino, gengibre e as ervas. Em uma frigideira, aqueça o azeite e sele até dourar. Reserve. **Molho:** em uma panela, doure o alho no azeite aquecido, junte e refogue a cebola, a pimenta dedo-de-moça, as pimentas verde e rosa e a carne selada. Adicione o creme de leite e deixe cozinhar por 10 minutos, coloque o melado para diminuir a acidez. Finalize com salsinha. Sirva.

Rendimento: 8 porções

Tempo de preparo: 30 minutos

Grau de dificuldade: médio

PERNIL de cabrito

1,2 kg de pernil de cabrito
sal refinado a gosto
1 pitada de pimenta-do-reino
8 g de pimenta dedo-de-moça
1 pitada de tomilho picadinho
1 pitada de manjericão picadinho
1 pitada de sálvia picadinha
1 pitada de alecrim picadinho
150 g de cenoura picada
150 g de alho-poró picado
100 g de salsão picado
30 g de alho picado
100 g de cebola cortada em cubos
30 ml de azeite de oliva
60 ml de shoyo
40 g de molho inglês
200 ml de vinho tinto
300 ml de caldo de legumes
salsinha picada a gosto

Em uma assadeira, tempere o pernil com sal, pimenta-do-reino, pimenta dedo-de-moça e as ervas. Faça um furo no meio da carne para melhor absorção do tempero. Em um liquidificador, coloque cenoura, alho-poró, salsão, alho, cebola, azeite, shoyo, molho inglês, vinho tinto e o caldo de legumes. Processe tudo e em seguida junte ao pernil e deixe marinar por 10 minutos. Forre a assadeira com papel-alumínio, acrescente o pernil com a marinada e cubra com o papel-alumínio. Leve ao forno aquecido a 150 graus, por 30 minutos. Depois retire o papel e volte o pernil ao forno por mais 20 minutos. Corrija o tempero, passe o molho em uma peneira e regue o pernil com o mesmo molho. Finalize com a salsinha e sirva.

Rendimento: 8 porções
Tempo de preparo: 30 minutos
Grau de dificuldade: fácil

MIGNON DE CORDEIRO com shitake

1,2 kg de mignon de cordeiro
30 ml de azeite de oliva
sal refinado a gosto
1 pitada de pimenta-do-reino
250 g de shitake
salsinha picada a gosto

Tempere os filés de cordeiro com sal e pimenta-do-reino e grelhe. Refogue o shitake no azeite em frigideira antiaderente. Cubra o mignon com o shitake como se fosse uma escama de peixe. Finalize com a salsinha. Sirva.

Rendimento: 8 porções
Tempo de preparo: 30 minutos
Grau de dificuldade: fácil

STROGONOFF de vitela

1,2 kg de vitela
120 ml de azeite de oliva
160 g de shimeji
20 g de alho picado
80 g de cebola picada
4g de pimenta dedo-de-moça
picada sem sementes
sal refinado a gosto
1 pitada de pimenta-do-reino
20 g de mostarda dijon em grãos
20 g de mostarda
20 g de catchup
300 ml de creme de leite fresco
140 de tomate em cubos e sem sementes
1 colher de sopa de salsinha picada
1 colher de sopa de manjericão picado

Corte a vitela em tirinhas. Refogue o shimeji na frigideira bem quente com um fio de azeite e reserve. Doure o alho no azeite restante, junte e refogue a cebola, adicione e grelhe a carne. Tempere com pimenta dedo-de-moça, sal e pimenta-do-reino. Acrescente as mostardas, o catchup e deixe cozinhar. Adicione o creme de leite, o tomate e o shimeji. Finalize com salsinha e manjericão. Sirva.

Rendimento: 8 porções
Tempo de preparo: 45 minutos
Grau de dificuldade: fácil

RAVIÓLI DE TAPIOCA recheado com queijo Serra da Canastra

400 g de tapioca granulada
400 ml de leite integral
400 ml de leite de coco
120 g de cebola cortada em cubinhos
sal e pimenta-do-reino a gosto
2 ovos
400 g de queijo Serra da Canastra ralado
1 ramo de manjericão roxo (para decorar)

Para o recheio
280 g de queijo Serra da Canastra em cubos

Para o molho de espinafre
80 ml de azeite
20 g de alho picado
120 g de cebola em cubos
300 g de folha de espinafre
800 ml de creme de leite fresco
sal e pimenta-do-reino a gosto

Em uma frigideira aquecida, doure e refogue a cebola. Tempere com sal e pimenta-do-reino, acrescente o leite e bata no liquidificador. Hidrate a tapioca com a mistura batida, o leite de coco e deixe descansar por 30 minutos. Adicione o queijo Serra da Canastra e tempere com sal e pimenta-do-reino. Faça pequenas bolinhas de aproximadamente 25 gramas, recheie-as com o queijo Serra da Canastra. Reserve. **Molho:** doure o alho no azeite, junte e refogue a cebola, acrescente as folhas de espinafre, tempere com sal e pimenta-do-reino e refogue. Adicione o creme de leite, deixando reduzir. Ajuste o tempero. Depois de pronto, bata no liquidificador, leve ao fogo por mais 2 minutos. Enquanto issso, em uma frigideira, aqueça o azeite e sele os raviólis. Sirva o molho junto à massa e decore com o manjericão roxo.

Rendimento: 8 porções

Tempo de preparo: 90 minutos

Grau de dificuldade: médio

NHOQUE de mandioquinha com molho de sálvia

2 kg de mandioquinha
200 g de farinha de trigo
200 g de semolina
1 gema
300 g de parmesão
1 pitada de pimenta-do-reino
1 pitada de noz-moscada
sal refinado a gosto
400 g de queijo brie sem casca
100 ml de mel

Molho de sálvia
30 ml de azeite
20 g de alho picado
120 g de cebola em cubos
sal e pimenta-do-reino a gosto
2 maços de sálvia
40 ml de mel
1 litro de creme de leite fresco

Asse a mandioquinha com casca embrulhada no papel-alumínio por 1 hora ou até que esteja bem macia. Descasque ainda quente e passe pela peneira. Tempere com sal e pimenta-do-reinc. Acrescente a farinha de trigo, a semolina, o parmesão e a gema. Misture bem, formando uma massa homogênea, dividida em pequenas porções de 15 gramas cada. Para o recheio, amasse o brie com o mel e recheie os nhoques, fazendo bolas achatadas. Cozinhe os nhoques em água fervente com sal até que subam. Passe, em seguida, pela água gelada para interromper o cozimento, retire da água e reserve. **Molho:** doure o alho no azeite, junte e refogue a cebola e tempere com sal e pimenta-do-reino. Acrescente as folhas de sálvia e, assim que murcharem, junte o mel. Adicione o creme de leite e deixe reduzir em fogo médio até que o molho fique espesso. Junte o nhoque ao molho para aquecê-lo e sirva com folhas de sálvia fresca para decorar. Sirva.

Rendimento: 8 porções
Tempo de preparo: 90 minutos
Grau de dificuldade: médio

RAVIÓLI DE ABÓBORA recheado com queijo Serra da Canastra

700 g de abóbora japonesa
assada, sem casca e sem semente
200 g de semolina de trigo
1 ovo
20 ml de azeite
sal refinado a gosto

Para o recheio
140 g de queijo Serra da Canastra ralado

Para o molho de ervas
80 ml de azeite
20 g de alho picado
120 g de cebola em cubos
800 ml de creme de leite fresco
ervas frescas a gosto (manjericão,
alecrim, tomilho, sálvia)
salsinha picada a gosto
sal e pimenta-do-reino a gosto

Em uma tigela, misture o azeite com o ovo, acrescente a abóbora amassada e a semolina. Tempere com sal e sove a massa até desgrudar das mãos. Abra a massa em um cilindro ou até mesmo com um rolo até ficar bem fina. Modele os discos e recheie-os. Cozinhe *al dente* em água fervente com sal. Sirva a seguir com o molho de ervas. **Molho:** doure o alho no azeite, junte e refogue a cebola. Tempere com sal e pimenta-do-reino e acrescente o creme de leite. Adicione as ervas picadas, deixando reduzir. Tempere novamente com sal. Sirva.

Rendimento: 8 porções
Tempo de preparo: 90 minutos
Grau de dificuldade: médio

NHOQUE DE BATATA-DOCE roxa com frutos do mar

200 g de camarão cinza limpo com rabo

200 g de lula limpa

4 caudas miúdas de lagosta (reserve a cauda)

200 g de tentáculos de polvo cozido

50 ml de azeite

10 g de alho picado

100 g de cebola roxa

100 g de tomate-cereja

sal e pimenta-do-reino a gosto

salsinha picada a gosto

pimenta dedo-de-moça e gengibre picados a gosto

raspas e suco de 2 limões (taiti e siciliano)

Nhoque de batata-doce roxa

2,5 kg de batata-doce roxa assada e amassada

1 pitada de pimenta-do-reino

1 g de noz-moscada

2 gemas

200 g de parmesão ralado

300 g de farinha de semolina

sal refinado a gosto

Nhoque: misture a batata-doce assada e amassada com o parmesão ralado, as gemas e o sal até desgrudar das mãos. Molde e pré-cozinhe em água fervendo. Reserve. Marine os frutos do mar separadamente com sal, pimenta-do-reino, gengibre, pimenta dedo-de-moça, raspas e suco de limão. Em uma frigideira, aqueça o azeite, doure o alho, refogue a cebola roxa, tempere com sal e pimenta-do-reino. Junte a lagosta, os camarões, a lula cortada em anéis e o polvo. Acerte o tempero e acrescente o tomate-cereja e refogue. Junte o nhoque de batata-doce roxa para aquecer levemente e sirva a seguir.

Rendimento: 8 porções

Tempo de preparo: 45 minutos

Grau de dificuldade: médio

RIGATONI recheado

400 g de rigatoni

400 g de queijo Serra da Canastra

Molho de funghi

30 ml de azeite

20 g de alho picado

100 g de cebola em cubos

50 g de cenoura

50 g de salsão

50 g de alho-poró

50 g de pimentão amarelo

50 g de pimentão vermelho

50 g de funghi

100 g de carne moída

1 litro de creme de leite

sal refinado a gosto

1 pitada de pimenta-do-reino

100 g de parmesão

Em uma panela com água fervendo, coloque os rigatonis para cozinhar, até ficar *al dente*. Logo em seguida, recheie com o queijo Serra da Canastra. Reserve. **Molho:** em uma panela, doure o alho no azeite aquecido e refogue a cebola. Junte a carne moída até que o suco da carne suma do fundo da panela. Logo depois acrescente os legumes para refogar e adicione o creme de leite. Tempere com sal e pimenta-do-reino. Assim que começar a ferver, desligue o fogo. Reserve. Em um refratário, arrume os rigatonis, coloque o molho e polvilhe por cima o parmesão ralado. Leve ao forno preaquecido a 160 graus por 10 minutos para gratinar. Sirva.

Rendimento: 8 porções

Tempo de preparo: 45 minutos

Grau de dificuldade: fácil

TRANCINHAS com carne moída, gorgonzola e couve-flor

1 kg de mini-penne
30 ml de azeite
20 g de alho picado
100 g de cebola em cubos
500 g de carne moída
sal refinado a gosto
1 pitada de pimenta-do-reino
8 g de pimenta dedo-de-moça
sem semente picada
8 g de gengibre picado
500 ml de creme de leite
60 ml de vinho branco
30 g de gorgonzola
300 g de couve-flor
salsinha picada a gosto
óleo para fritar

Em uma frigideira, frite os mini-pennes no óleo aquecido. Reserve. Em uma panela, doure o alho no azeite aquecido, refogue a cebola e, em seguida, coloque a carne moída. Tempere com sal e pimenta-do-reino, e refogue. Adicione o vinho, espere evaporar. Corte a couve-flor em pequenos pedaços e envolva ao refogado por mais 5 minutos. Junte o creme de leite e deixe ferver. Por último, coloque o queijo gorgonzola triturado. Ajuste o tempero e finalize com a salsinha. Para servir, coloque o molho no fundo da panela e as trancinhas por cima. Sirva.

Rendimento: 8 porções
Tempo de preparo: 40 minutos
Grau de dificuldade: médio

POLENTA BRANCA com ragu de cogumelos

30 ml de azeite de oliva
30 g de alho picado
100 g de cebola cortada em cubos
800 ml de leite integral
200 g de polenta branca
sal refinado a gosto
100 g de parmesão
100 g de catupiry

Ragu de cogumelos
10 ml de azeite de oliva
15 g de alho picado
100 g de cebola cortada em cubos
200 g de cogumelo shitake picado
200 g de cogumelo shimeji picado
200 g de cogumelo paris
400 g de molho roti
sal e pimenta-do-reino a gosto
5 g de pimenta dedo-de-moça
sem sementes picada
5 g de gengibre picado
salsinha picada a gosto

Em uma panela, doure o alho, refogue a cebola com o leite integral e tempere com sal e pimenta-do-reino. Adicione a polenta aos poucos, mexendo sempre; quando estiver virando um creme, junte o parmesão e o catupiry, continue a mexer até que o creme comece a desgrudar do fundo da panela. **Ragu de cogumelos:** em uma panela, doure o alho, refogue a cebola, acrescente os cogumelos e refogue. Adicione o molho roti e deixe reduzir um pouco. Tempere com sal, pimenta-do-reino, pimenta dedo-de-moça e gengibre. Finalize com salsinha. Sirva.

Rendimento: 8 porções
Tempo de preparo: 30 minutos
Grau de dificuldade: fácil

POLENTA com ragu de calabresa

30 ml de azeite de oliva
30 g de alho picado
100 g de cebola cortada em cubos
800 ml de leite integral
200 g de polenta branca
sal refinado a gosto
100 g de parmesão
100 g de catupiry

Ragu de calabresa
10 ml de azeite de oliva
15 g de alho picado
100 g de cebola cortada em cubos
400 g de calabresa defumada
cortada em cubos
200 g de molho de tomate
200 g de molho roti
sal e pimenta-do-reino a gosto
5 g de pimenta dedo-de-moça
sem sementes picada
5 g de gengibre picado
salsinha picada a gosto

Em uma panela, doure o alho, refogue a cebola, acrescente o leite integral e tempere com sal e pimenta-do-reino. Adicione a polenta aos poucos, mexendo sempre; quando estiver virando um creme, junte o parmesão e o catupiry, continue a mexer até que o creme comece a desgrudar do fundo da panela. **Ragu de calabresa:** em uma panela, doure o alho, refogue a cebola, acrescente a calabresa e refogue. Adicione o molho de tomate e o molho roti, deixe reduzir um pouco. Tempere com sal, pimenta-do-reino, pimenta dedo-de--moça e gengibre. Finalize com salsinha. Sirva.

Rendimento: 8 porções

Tempo de preparo: 30 minutos

Grau de dificuldade: fácil

ALIGOT DE TAPIOCA com ragu de pato

30 ml de azeite de oliva
20 g de alho picadinho
120 g de cebola cortada em cubos
sal refinado a gosto
1 pitada de pimenta-do-reino
150 ml de leite integral
50 g de queijo Serra da Canastra
50 g de catupiry
50 g de parmesão
100 g de tapioca granulada
8 g de pimenta dedo-de-moça

Ragu de pato
600 g de pato desfiado
30 ml de azeite extravirgem
20 g de alho
100 g de cebola picada
Sal e pimenta-do-reino a gosto
400 g de molho roti
sal e pimenta-do-reino a gosto
5 g de pimenta dedo-de-moça
sem sementes picada
5 g de gengibre picado
10 g de salsinha picada
salsinha picada a gosto

Aligot: em uma panela, doure o alho no azeite aquecido, refogue a cebola, junte o leite, o queijo Serra da Canastra, o catupiry, o parmesão e a tapioca. Tempere com sal, pimenta-do-reino e pimenta dedo-de-moça. Deixe ferver e mexa até a tapioca cozinhar. Bata no liquidificador e volte ao fogo até ficar com consistência cremosa e espessa. Sirva quente. **Ragu de pato:** em uma panela, doure o alho, refogue a cebola, acrescente o pato desfiado e refogue. Adicione o molho roti e deixe reduzir um pouco. Tempere com sal, pimenta-do-reino, pimenta dedo-de-moça e gengibre. Finalize com salsinha. Sirva.

Rendimento: 8 porções
Tempo de preparo: 50 minutos
Grau de dificuldade: médio

SOBREMESAS

CHEESECAKE de goiaba

Massa

400 g de biscoito de aveia e mel

150 g de manteiga sem sal

Cobertura

350 g de ricota

3 ovos

250 ml de leite condensado

200 g de goiabada cremosa

Para decorar

1 kg de goiaba cortada em quatro
sem casca e sem sementes

500 g de açúcar refinado

400 ml de água

Para a massa, triture o biscoito até virar uma farinha. Acrescente a manteiga em temperatura ambiente e misture bem até que fique homogênea. Disponha a massa em uma fôrma com o fundo removível. Para o recheio, bata no liquidificador a ricota, os ovos e o leite condensado. Despeje na fôrma e leve para assar no forno a 150 graus de 30 a 40 minutos. Para finalizar, sirva com a goiabada por cima. **Para decorar:** em uma panela, coloque o açúcar e a água, mexa aos poucos até virar uma calda. Adicione as goiabas, deixe em fogo brando até ficarem macias. Quando estiver pronta, retire do fogo e deixe esfriar. Decore a cheesecake e sirva a seguir.

Rendimento: 8 porções

Tempo de preparo: 50 minutos

Grau de dificuldade: fácil

TIMBALE DE BANANA com Nutella e farofa de castanha-do-pará

Doce de banana
1,6 kg de banana-nanica madura
400 g de açúcar
Creme de nutela
400 ml de leite
6 gemas peneiradas
300 ml de leite condensado
400 g de Nutella
Farofa de castanha-do-pará
160 g de manteiga sem sal amolecida
200 g de açúcar refinado
200 g de açúcar mascavo
300 g de castanha-do-pará picada

Doce de banana: leve ao fogo baixo a banana amassada com o açúcar por aproximadamente 20 minutos, mexendo com cuidado para não grudar na panela. Reserve. **Creme de nutela:** leve ao fogo baixo o leite, as gemas e o leite condensado até obter consistência cremosa. Adicione a Nutella. Reserve. **Farofa:** misture todos os ingredientes em uma assadeira e leve ao forno a 180 graus até dourar levemente. Reserve. **Montagem:** em um prato, com a ajuda de um aro de 25 cm de diâmetro, disponha a farofa de castanha, o doce de banana, uma segunda camada de farofa de castanha, o creme de Nutella, novamente outra camada de farofa de castanha e finalize com as bananas cortadas em rodelas e douradas no maçarico. Sirva.

Rendimento: 8 porções
Tempo de preparo: 45 minutos
Grau de dificuldade: médio

TORTA DE COCO com baba de moça

Baba de moça
250 ml de água filtrada
390 g de açúcar refinado
350 ml de leite de coco
14 ovos caipiras

Bolo de coco
6 ovos brancos
240 g de açúcar refinado
30 g de manteiga em barra
150 ml de leite de coco
200 g de coco fresco ralado
180 g de farinha de trigo
15 g de fermento químico

Cocada em fita
180 g de coco seco
110 g de açúcar refinado
110 g de água filtrada

Suspiro
1 clara de ovo
80 g de açúcar refinado

Bolo de coco: na batedeira, bata o açúcar com a manteiga e os ovos até obter um creme fofo. Misture o coco fresco ralado e o leite de coco. Junte a farinha de trigo e o fermento. Leve ao forno a 140 graus. **Baba de moça:** separe as gemas e peneire. Reserve. Leve ao fogo o açúcar com a água até obter uma calda clara em ponto de fio fino, desligue, esfrie e acrescente o leite de coco e as gemas. Volte ao fogo baixo mexendo até formar um creme. **Cocada em fita:** em uma panela, faça um caramelo de cor dourada de fio fino. Junte o coco seco cortado em fitas finas e espere apurar. **Suspiro:** separe apenas as claras. Adicione o açúcar e leve para o banho-maria, mexendo sempre. Na batedeira, bata até ficar um merengue. Modele seus suspiros e leve ao forno baixo até que fiquem secos e firmes sem alteração de cor. **Montagem da torta:** corte o bolo na metade. Disponha uma das metades do bolo. Regue com calda de leite de coco. Coloque 200 g de baba de moça, uma camada de suspiro e mais 200 g de baba de moça. Coloque a outra metade do bolo, regue com a calda. Gele por 4 horas. Desenforme, cubra com o restante da baba de moça, coloque as fitas de coco e sirva.

Rendimento: 8 porções

Tempo de preparo: 90 minutos

Grau de dificuldade: médio

PUDIM de milho

200 g de milho *in natura* já debulhado
350 ml de leite de coco
350 ml de leite condensado
2 ovos
3 gemas peneiradas
Para o caramelo
250 g de açúcar refinado
150 ml de água

Em uma panela, coloque o açúcar e leve ao fogo baixo até obter uma coloração dourada, acrescente a água e deixe reduzir até ficar em ponto de fio. Unte uma fôrma de pudim de aproximadamente 20 cm de diâmetro e despeje o caramelo sobre ela. Bata no liquidificador o milho, o leite de coco, o leite condensado, os ovos e as gemas. Despeje essa mistura na fôrma e leve para assar em banho-maria a 180 graus por aproximadamente 45 minutos ou até que esteja com a consistência firme. Sirva.

Rendimento: 8 porções
Tempo de preparo: 1 hora e 30 minutos
Grau de dificuldade: médio

TERRINE de abóbora com coco

800 g de abóbora (pescoço) sem casca
30 g de açúcar

Doce de abóbora

900 g de abóbora
1 litro de água
400 g de açúcar
5 cravos-da-índia
1 pedaço de canela em pau

Espuma de abóbora

1 receita de doce de abóbora
5 folhas de gelatina
1 clara batida em neve
20 ml de água

Espuma de coco

180 g de leite condensado
180 g de coco fresco ralado
180 g de leite de coco
6 folhas de gelatina
60 ml de água
3 claras em neve
500 g de creme de leite fresco batido

Corte a abóbora em tiras de 17 x 0,3 cm. Coloque-as em uma assadeira, polvilhe açúcar e leve ao forno a 160 graus por 5 minutos. Leve ao fogo a abóbora com água, o açúcar, o cravo e a canela. Apure até o doce começar a soltar da panela. Retire do fogo e reserve. **Espuma de abóbora:** coloque o doce de abóbora em uma tigela. Ferva a água e dissolva a gelatina. Despeje sobre o doce, misturando bem. Acrescente a clara batida em neve, delicadamente. **Espuma de coco:** misture em uma tigela os três primeiros ingredientes. Dissolva a gelatina na água fervente e junte ao creme de coco. Misture a clara e o creme de leite batido. **Finalização:** pegue uma terrine de 17 x 8 cm, cubra com papel-filme úmido, mais largo nas laterais para poder cobrir a preparação. Forre com o carpaccio de abóbora, o fundo e as laterais. Coloque uma camada de 2 cm de espuma de abóbora. Leve ao refrigerador. Quando estiver firme, coloque a espuma de coco e leve novamente ao refrigerador. Repita com a espuma de abóbora. Cubra com o restante do carpaccio, envolva com papel-filme e leve à geladeira. Desenforme, corte em fatias e sirva.

Rendimento: 2 terrines (12 porções cada)

Tempo de preparo: 3 horas (excluindo o preparo da véspera)

Grau de dificuldade: médio

QUEIJADINHA

manteiga sem sal para untar a forma
1 lata de leite condensado
100 g de coco fresco ralado
3 ovos

Unte a fôrma com a manteiga. Reserve. Bata no liquidificador o leite condensado, os ovos, o coco e despeje em uma assadeira já untada. Leve a assadeira ao forno aquecido a 120 graus por aprcximadamente 1 hora. Espere esfriar para servir.

Rendimento: 8 porções
Tempo de preparo: 70 minutos
Grau de dificuldade: fácil

BRIGADEIRO de capim-santo

70 g de folhas de capim-santo
150 ml de leite
1 lata de leite condensado

Bata no liquidificador o capim-santo com o leite e peneire. Misture todos os ingredientes e leve ao fogo baixo, mexendo sem parar até soltar do fundo da panela. Sirva.

Rendimento: 10 colheres de sobremesa cheias

Tempo de preparo: 30 minutos

Grau de dificuldade: médio

HISTÓRIA da chef Morena Leite

A chef Morena Leite cresceu na cozinha do restaurante dos seus pais em Trancoso, na Bahia, e fez o caminho inverso dos portugueses que há 500 anos chegaram a esses mares em busca de especiarias. Morena seguiu para a Europa em busca da técnica e da cultura gastronômica e formou-se em 1999 na escola Le Cordon Bleu, em Paris, como chef de cozinha e confeitaria. De volta ao Brasil, aporta no Capim Santo, em São Paulo, com a missão de divulgar a cultura do nosso país por meio da cozinha, usando a técnica francesa para valorizar nossos ingredientes, mas sempre tendo a consciência de que seu principal ingrediente é o afeto e a valorização da equipe. Inquieta, curiosa e determinada, em 2011 ela inaugura uma nova marca, o restaurante Santinho. Atualmente, 80 cozinheiros se dividem entre as oito cozinhas dos restaurantes, como uma grande família. Morena, que sempre gostou de se comunicar, contar e ouvir histórias, achou sua maneira de contá-las por meio de suas receitas. Hoje, além dos restaurantes Capim Santo e Santinho (no Museu da Casa Brasileira, no Instituto Tomie Ohtake e no Theatro Municipal de São Paulo), ela também comanda um buffet e um instituto (centro de capacitação gastronômico para jovens de escolas públicas). Ainda encontrou tempo para ter um programa de televisão, o *Taste it!*, e escreveu oito livros de cozinha. O primeiro, lançado em Paris em 2005, foi o *Brasil, Sons e Sabores*. Depois vieram *Capim Santo, Receitas para Receber Amigos*; *Doce Brasil Bem Bolado*; *Mistura Morena*; *Art in The Kitchen*; *Tapioca* e agora este que está em suas mãos. E Morena não para por aí, não! Estão no forno outras quatro publicações inéditas: *Gibi do Manu*, um livro de receitas para crianças; *Altar, Receitas pra Casar*; *Cozinha com Crença, a Comida dos Orixás*; e, por fim, *Brasil, Sons e Sabores, volume dois*. Aguarde!

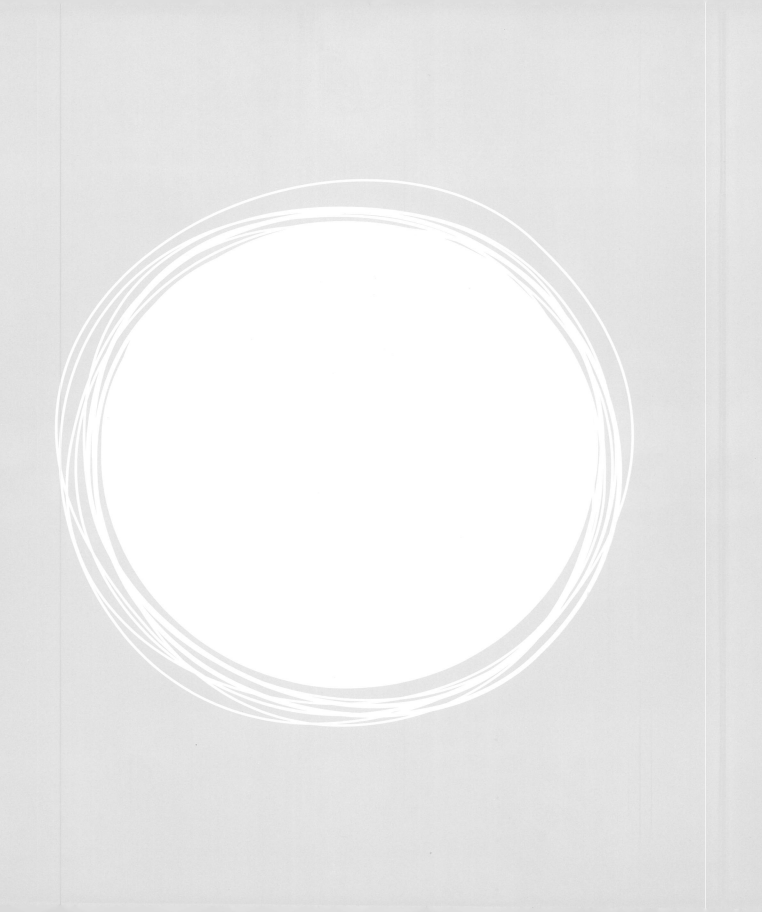